昏礼·婚礼

西塘汉服文化周系列丛书

王辉 主编

知识产权出版社

全国百佳图书出版单位

图书在版编目（CIP）数据

昏礼·婚礼 / 王辉主编 . —北京：知识产权出版社，2017.9

ISBN 978-7-5130-5186-6

Ⅰ . ①昏… Ⅱ . ①王… Ⅲ . ①婚姻—风俗习惯—研究—中国 Ⅳ . ① K892.22

中国版本图书馆 CIP 数据核字 (2017) 第 243134 号

内容提要

民族的也可以是流行的，历史的也能成为时尚。中国的婚礼文化延绵几千年，先秦、汉、唐、明各具风韵，笔者历经数百场中国传统婚礼的实践，十年磨一剑。本书中将讲述真实的汉式婚礼案例及所涉及的传统礼仪和传统文化，供读者学习借鉴和实践参考。

责任编辑：阴海燕　　　　　　**责任出版：**卢运霞

昏礼·婚礼
HUNLI HUNLI

王辉　主编

出版发行：知识产权出版社有限责任公司		网　　址：http://www.ipph.cn	
电　　话：010-82004826		http://www.laichushu.com	
社　　址：北京市海淀区气象路 50 号院		邮　　编：100081	
责编电话：010-82000860 转 8693		责编邮箱：214925822@qq.com	
发行电话：010-82000860 转 8101		发行传真：010-82000893	
印　　刷：北京科信印刷有限公司		经　　销：各大网上书店、新华书店及相关专业书店	
开　　本：720mm×1000mm　1/16		印　　张：11.25	
版　　次：2017 年 9 月第 1 版		印　　次：2017 年 9 月第 1 次印刷	
字　　数：133 千字		定　　价：68.00 元	

ISBN 978-7-5130-5186-6

《西塘汉服文化周系列丛书》

发 起 人　方文山

策　　划　刘雄英　陈广松

《昏礼·婚礼》

主　　编　王　辉

副 主 编　钟　强　王占芳　曾淑娟

编委会委员（排名不分先后）

康娇娇　张兴宇　叶榆欣　唐侯翔

黄旭飞　陈雪飞　周　艺　梁芮菲

张静安　贾汝渲

插 画 师　黄凯琳

摄影统筹　张越尘　Acme Factory

摄　　影　李彦羲　李　帆

婚服设计（汉、唐）　璞兰芳

封面书法　张文东

创衣冠之美族曰华

拥天地之大国称夏

传炎黄之民心系汉

著交领之邦尚华服

——发起人　方文山

序

人人都应有一场属于自己的传统婚礼

在这个以浪漫为口号的时代，一场婚礼成就了大部分女生对幸福的渴求。从挑选酒店、邀请宾客、定制婚纱……直到婚礼真正完成，事无巨细，均需亲手包办，直到最后看到宾客离开才大舒一口气。对于她们而言，仪式仿佛比结婚本身更重要。有趣的是，几千年来，对于中国女性而言，仪式才是开启一场真正婚姻的大门。

要知古代女子深居闺中，大门不出二门不迈，只有少数节日才可踏出房门，与亲友共度佳节，所以广大女性基本也是到了婚礼结束后才能真正了解自己的夫婿。

古代婚礼有个很有意思的地方，就是"婚礼"不是"婚"礼，而应当是"昏"礼，因那时婚礼大部分在黄昏举行，实取"阴阳交替"之意，所以有了这个称呼，也可一瞥中国人看待良辰吉时的重要意义。汉族传统婚礼主程序大致可分为两个阶段：婚前礼和正婚礼。婚前礼大抵就是现代意义上的求婚，我们将其流程概括为：纳采、问名、纳吉、纳征、请期。妇至成礼、合卺、馂余设袵，"馂余设袵"是正婚礼的最后一步，指的就是"进入洞房"。这些流程目前基本沿袭周礼的定式，在几千年来也还一直以"六礼"的规范严格进行着。

在中国传统的婚礼中，婚服的拣选也是件大事，婚期之前，一些家庭就要早早开始准备女儿的婚服，从材质拣选、款式选择到绣工，完完全全在精心打造，如现代一般。但汉族的婚服因时代不同而有所区分，留有定式，大体分"周制婚服""唐制婚服""明制婚服"三种。汉之庄严肃穆、唐之华丽堂皇、明之典雅端庄……不同背景下的婚礼体制也有细微差别，研读本书肯定会令你对汉族的婚服感兴趣，这些关乎传统文化礼节之于生活方方面面的渗透。

现代人选择较为严格的汉服婚礼仪式也代表着对中华传统礼仪的尊重，也是认同"仪式感"的某种体现，在我看来，更重要的是现代年轻人对传统文化的关注，也因此，"汉族为什么没有属于自己的传统婚礼？"的疑问得以解决。抛去对西式婚礼的选择，我们还能依照传统选择穿着汉服，举行汉服婚礼这样一种让人记忆深刻且继承传统的古老形式。我们由衷希望传统文化能够得到发扬，从"衣食住行"弘扬它的魅力，一点一滴地去渗透原本西化的生活，绽放出中式文化本应有的光彩。

2017. 9. 21

目　录

序　章　你可能办了假的"汉式婚礼" / 1

震惊！从"龙凤褂""秀禾服"不是汉式婚礼服饰说起 / 3

筹办一场传统"汉婚"，你需要了解什么 / 6

第一章　关关雎鸠——来一场诗经时代的昏礼 / 12

万世宗周——《周礼》中的昏礼 / 14

香草美人，诗礼嫁衣 / 22

钟鼓乐之——周礼礼器 / 33

芳馨成堂——周礼中的建筑礼制 / 39

趣味篇番外一：殷商悬想 / 44

趣味篇番外二：在里耶办秦婚 / 48

第二章　汉官威仪——汉代风貌婚礼攻略 / 53

长乐未央——流程介绍 / 55

缯彩嫁衣——汉风婚礼礼服 / 61

玉堂金马——器物介绍 / 65

锦绣官阙——汉风场景打造 / 80

第三章　盛世大唐——唐风婚礼攻略 / 90

挥洒华丽，倾注诗情——唐风婚礼仪程 / 92

云裳花容——新人的婚礼服饰妆容 / 101

器物——华美的大唐金银器 / 105

当代唐风婚礼的场景打造 / 109

趣味篇番外三：妻妾分明的年代——最早可考的完整婚姻法唐《户婚律》

详解 / 118

第四章　礼义教化——明风婚礼攻略 / 126

明风婚礼仪程 / 128

明代的婚服、妆容 / 135

明风婚礼中的器物道具 / 137

当代明风婚礼的场景打造 / 140

第五章　技术的时代穿越！婚礼的跨世华章 / 146

致今天汉式婚礼的策划者 / 148

光影音乐，现代舞美 / 153

媒介之魅——新技术助力 / 161

结语　用心传承 戒骄戒躁——浅谈汉式婚礼的市场现状及前景 / 166

后 记 / 169

昏 礼·婚 礼

汉式婚礼？什么是汉式婚礼？估计这是很多读者一看到标题就会发出的疑问，很多了解汉服及汉礼仪文化的读者可能关心的就是整个标题所包含的内容了。

本书的目的就是带您了解汉式婚礼，了解它的概念、它的内容以及其中的文化和具体的执行！现在就来回答卷首的问题。

问：汉式婚礼是什么？

答：汉式婚礼是中国传统汉文化样式婚礼的简称，是中国上溯周公定《周礼》，下延至今汉民族服章礼仪文化再兴的重要组成。以形式之正、场面之宏、仪程之端、服景之美渐为当下的人们所接受，在以西式婚礼占据当今中国主体婚礼文化地位的情况下辟出了展示本土婚礼文化的捷径。

汉式婚礼不是由一两个人定义的，而是来源于大众对民族文化的认同与理解。能够更好地宣传、推广，并让有需求的人能受益于这种婚礼文化形式，是本书作者及幕后工作者最大的愿望所在。

同时，针对当下很多机构、个人不求甚解，对传统文化知识不加学习考证，肆意解读，歪曲历史；对有实际需求的婚礼新人，服务上鱼目混珠、以次充好等现象加以列举辨析。

这也就是辨别"真假"汉式婚礼的内容了。

本书中有关历史文化的知识点会立足史料，以史料记载为依据，引经据典，结合当代文化，欣赏了解汉式婚礼文化，手把手地带你筹备一场汉式婚礼，手把手地带你举办一场汉式婚礼。

震惊！从"龙凤褂""秀禾服"不是汉式婚礼服饰说起

曾经有一对想筹办一场汉式婚礼的新人走进了京城一家小有名气的婚礼服务公司，老板热情地接待了他们。这对新人明确地提出了自己想穿着汉服办一场汉式婚礼的要求。

老板听得云里雾里，但隐隐觉得说的大概、可能、差不多是中式婚礼吧？直接说中式婚礼不就齐了，我懂！

"得！您问着了，咱有京城一流的花轿队、舞狮。自己常年合作的秀坊，能定做褂皇、褂后、大五福、中五福、小五福不同级别款式的龙凤褂，等下客官您留步！还有秀禾服您可选……"

没等老板说完，这对新人道了声再看看，走人了。

为啥走人？在汉服及相关汉礼仪概念已经十分普及的今天，很多人已经知道答案了，当然也有不知道的。那就在这里说说吧。

所谓龙凤褂，其实是源自满族的服饰，在清代逐渐在广东、福建被发展完善。有褂皇、褂后、大五福、中五福、小五福等看似十分高深专业的区分，其实是指占服装本底不同的刺绣密度，刺绣越多，级别越高。最高为褂皇，密度在 80%～100%，整套裙褂已经完全发白或者发黄（因为被银线、金线全覆盖）。福建、广东等地清朝至民国时期的女子多穿褂裙出嫁，视之为体面。

近年所谓民族风、中国风的兴起，以及部分明星婚礼的代言也使得使用龙凤褂成为当代婚礼的一个小流行趋势，但它和汉服完全属于两个不同的服饰文化体系。其所谓分类的相关说法也多为刺绣及服饰制作工匠代代相承而形成的民间服饰文化。

相应的还有秀禾服，衣服是早就有了，样式取自清代常见的女子裙褂，民间结婚多有使用，但"秀禾"这个名字却源于 2001 年电视剧《橘子红了》。剧中女主角秀禾（周迅饰演）所穿服装开始被一些人称为"秀禾服"。有婚庆公司也就"顺应市场"搞了秀禾婚服、秀禾婚礼，但对于背后的文化往往一无所知，更不会告诉你，穿着秀禾服也是有规矩的。秀禾服的襟口（即领口）分对襟（也称正襟）和斜襟。龙凤褂则只有对襟。按照清朝至近代礼俗，正房在正婚时一般都是穿正襟，而妾室正婚时只能穿斜襟。当然今天能这样讲究的就不多了，但这些细节直接体现了礼仪文化从业者的专业性！至于对刚刚复兴挖掘的汉式婚礼文化，不懂的人就更多了。

汉服文化自古传承，至清朝中断，拿清代满族服饰发展来的嫁衣来做汉式婚礼，这完全是关公战秦琼的理解呀，也难怪客户听了扭头就走。

类似的"坑"还有很多，汉式婚礼中有关婚服还有一个不能让人接受的错误问题就是婚服左衽！

中国古代，上衣多为交领斜襟，中原人崇尚右，习惯上衣襟右掩，也就是左侧衣襟压住右侧衣襟，这个特点称为右衽；反之，则为左衽。在中国的汉文化礼仪体系中，左衽在大多数时候都有特殊的含义，尤其不能出现在婚礼场合中。

左衽出现场合一。

《礼记·丧大记》："小敛大敛，祭服不倒，皆左衽，结绞不纽。"就是说死者入殓的敛衣，凡是祭服就不能颠倒着放。所有的敛衣衣襟都向左开。捆紧敛衣和遗体的布带子要打成死结而不是活扣。汉式婚礼婚服左衽等于西式婚礼进行曲错放成了安灵曲。

左衽出现场合二。

《汉书》中有引用《春秋》关于汉民族之外的少数民族左衽的记载。汉式婚礼婚服左衽就与汉式婚礼不符。

一个衣服的衣襟方向就有这么多讲究，"汉服运动"开展至今15年了，从第一场公开报道的汉式婚礼至今也有11年了，类似的错误迄今还在反反复复地不时重演：什么婚服使用劣质影楼装、什么婚礼仪式环节无视禁忌胡编乱造、什么婚礼现场置景不同时代装饰穿越乱入，等等。当然作为错误可以有无数种，但值得我们了解学习的内容往往只有一种。列举这两个实际存在的例子，无非想强调一下汉式婚礼中的文化常识对于我们做一场精彩圆满婚礼的重要性。

筹办一场传统"汉婚"，你需要了解什么

要了解一场汉式婚礼，当然是先从来龙去脉说起，然后再把细节捋清楚，尽量避免出现遗漏和失误。

在一些婚礼中，新人的亲友意外地发现婚礼现场没有常见的鲜花，没有看到西式婚礼那种淡雅清新的色彩，也没有常见婚礼中的灯光设备，有的是古朴典雅的陈设、精美厚重的青铜礼器和摇曳宁静的灯火烛光。

这一切始于2006年11月12日上海举行的第一场公开展示的汉式婚礼。

当悠扬的编钟鼓乐代替了婚礼进行曲开启婚典乐章的时候，出现在宾客面前的新人也不再是西服白纱的形象，而是极具中国特色的礼服。我是不是穿越了？这是很多人看到一场汉式婚礼的第一反应。

不知道是要感谢还是吐槽这几年各种穿越剧的流行。感谢的是大众找到词汇来命名这种似乎脱离现代的景象，通过微博、微信各种途径分享这一发现，也算是宣传汉式婚礼文化。吐槽的是一句穿越在扩大这种形式婚礼影响的同时也曲解了这种婚礼本来的意义。

不知道读者是否在读书或看外国电影时留意过国外的婚礼，很多西方国家不同时代的婚礼，从礼服到婚礼仪式似乎没有太大变化。但不会有人会说因为西方很早以前的婚礼就是这个形式，今天的西式婚礼是穿越。

回过头来说，中国改革开放以后，婚礼文化和婚礼产业得到了快速蓬勃的发展，西式婚礼借助西方现代生活方式的引进攻城略地，虽然成为大

多数新人婚礼样式的选择，但传统的婚礼文化也得到了一定的挖掘保留。二十年后人们所说的穿越婚礼莫不是当时不多的婚庆产业从业者和少数执着于中国婚礼文化的新人结出的一个个文化传承的硕果，虽然这些果实今天来看有些娇小酸涩，但总算让我们有了一丝保留汉族婚礼文化的机会，也顽强地证明着中国本土婚礼文化的存在。

时至今日，当观者大多数还在"赶时髦"地一次次给汉式婚礼用穿越命名的时候，逐渐对中国传统文化觉醒的国人已经千人千样地展示更加精彩的中国婚礼文化了。

玄黑纁红，钟鼓声鸣，青铜礼乐，烈烈汉风。

红男绿女，大明宫上，金银相错，皇皇大唐。

凤冠霞帔，喜堂幔红，青花钧瓷，昭昭大明。

中国的汉式婚礼文化不输于世界上任何一种文明的婚礼文化，正在不断地被挖掘出来。它诠释着婚礼的内涵，祝福着选择这种婚礼形式的新人，不断彰显着属于中国自己的精彩文化……

提到汉式婚礼不能不说说中国的礼仪文化之始——《周礼》。很多人也把《周礼》中所记载钦定的婚礼形式称为周制婚礼。前面提到的第一场公开展示的汉式婚礼，形式的礼仪环节就是取自《周礼》，服饰场景取自秦汉。婚礼整体的氛围庄重大气。

如果问一场汉式婚礼需要什么，从今天实际运作的角度讲，一场汉式婚礼主要由以下内容组成。

婚礼的礼制仪式

汉式婚礼的礼仪制度核心取自《周礼》，因此了解其中与婚礼相关的礼仪制度是策划一场精彩的汉式婚礼必不可少的。经历了两千多年礼乐文化的发展演变，历代有关婚礼的相关礼仪流程也多有变化。在婚礼筹备中，可以根据自己所需的婚礼取材有所兼顾取舍。需要注意的是虽然历代婚礼内容有所变化，但核心始终是基于《周礼》的婚姻六礼。体现在婚礼当中除了礼仪本身，也有历代民俗的融入，化俗为礼也是存在的，比如唐代催妆、却扇等，都是民俗的流变，并逐渐成为大众所接纳的婚礼礼仪内容。在学习了解中也要注意区分礼俗的不同内容和意义。

婚礼的策划执行

有人会不解：既然有了《周礼》，有了历代的婚礼文化文献资料，还需要什么策划？其实类似观点在汉服设计上也有体现。曾经就有人说，汉服的形制是固定的，要什么设计？！现在看着越来越华美大气的各种汉服是不是觉得曾经的那种观点很偏颇？之所以把策划执行单列出来作为汉式婚礼筹备的重要环节，是因为仅仅有历史文献记录的礼仪制度是不够的，在今天的执行中原封不动地照搬行不通，别的且不说，按照《周礼》"不举乐"这一条就过不去。更不要说大多数新人在酒店举行婚礼将原本半小时的事情，照搬旧制仪程，折腾两个小时，宾客饿得都要抗议了。而策划工作就是要在查阅了解历史真实婚礼仪程的基础上有所取舍，不同时代的婚礼有不同的仪式内容，自然也有今天不同的设计发展。

婚礼的服饰

　　很长一段时间以来，在汉式婚礼其他元素没有完善之前，除了动态的礼仪执行，能够直观吸引、震撼观者的就是华丽的婚礼礼服了。汉式婚礼的礼服必然是汉服，与大家常说的汉服常服（燕居服）相比，婚礼上用的汉服终于可以无所顾忌地展示汉服华美绚丽的一面了。没有人会穿着婚纱逛街，华丽的汉服大礼服也是一个道理。汉式婚礼为汉服提供了一个合情合理的展示空间。有人可以用"穿着不方便"质疑汉服常服的合理性，但无论如何他不能说婚礼上新人穿汉服不方便的话。正如大家所了解的，汉服不是简单的考古复原，婚礼服亦如此。在实际中，无论是对照文献文物考证复制的汉服礼服款式，还是大家约定俗成普及使用的汉服礼服都有其存在的实际意义，观者就避免再次陷入形制之争吧。

婚礼的置景氛围

　　现代早期的汉式婚礼只有流程和婚服而没有合适的置景。包括早年很多知名的汉服爱好者自己的婚礼都是搭个红帐子，贴个红喜字就算解决了。讲究点的，搜集一些历代纹样，找个青铜器花纹做个广告大喷绘就算精致了。其实婚礼置景也是一门学问。和汉服设计一样，汉服设计师针对不同的客户设计不同款式精美的汉服，婚礼置景师也是一样。相比只需要了解配色、时尚流行就可以上手的西式婚礼置景师，汉式婚礼置景要了解学习的内容要多得多。因为有什么时代风貌的策划，就要有什么风格的置景来配合营造整体的氛围；有什么样的婚服，就要有什么感觉的氛围；就连礼仪流程，有时都会牵扯置景的配合。比如父母双亲着汉服一同观礼，你把父母安排在哪里，前后左右布置什么，等等。

婚礼的礼器道具

就像不能做个身着先秦两汉风格婚服，用相应时期礼仪流程配大红喜字一样，凡是知道一点历史及器物考古的人就清楚，汉风婚礼搁桌子上几只青花瓷那也是很辣眼睛的。虽说咱们不是考古，要从土里刨道具用，但和谐为美这一基本理念是相通的。《周礼》对婚礼中礼器的使用是有明确严谨记载的。青铜礼器是那个时代礼仪活动的重要组成。到了后世，婚礼上的礼器逐渐被生活化的器物取代。但今天精彩的婚礼仪式，考究的礼器道具依然是重要的细节组成。先秦的青铜礼器、两汉的漆器、隋唐的金银器、宋明的瓷器都是汉式婚礼中的点睛之笔。同时除了直接仿制，提炼相应时代艺术特点新设计的当代古风工艺品也是不错的婚礼道具选择。

本书的正文内容正是依据以上汉式婚礼必备的五个点详细展开的。不同需求的朋友可以有所侧重，各取所需。

汉式婚礼文化可以说是丰富多彩的。除了秦汉风貌的汉式婚礼外，还有唐代的风貌形式、明代的婚礼风貌形式等可供今天的新人选择。为了避免混乱，可以将这些婚礼简单地分类为汉风、唐风、明风。

从实际中新人的各种需求看，如果不限定东西方大范围文化的选择，汉式婚礼的各种风格可以满足今天几乎所有新人的需要。

如果您需要庄重神圣的婚礼，那么宏大肃穆的汉风婚礼一定合乎您的胃口；如果您想要自己的婚礼像布满鲜花的西式婚礼一样雍容华贵，那华丽丽的盛唐风貌与满场盛开的洛阳牡丹定有不输玫瑰的芬芳；如果您想要一个浪漫唯美的主题婚礼，中国历代动人的爱情传说一定可以用明代开始丰富的各种戏曲乐章加以编纂变成您的专属主题。

汉式婚礼，不只有一副面孔，而是千面千样，汉式婚礼本身不是主题，它理应有着和西式婚礼一样的身份，有着和西式婚礼一样的被选择的机会。而且选择汉式婚礼的新人，注解他们幸福的正是传承自祖先的文化。

那么就让我们一层层剥开历史的迷雾，去找寻了解汉式婚礼所涉及的不同时代、不同特点、不同内容的婚礼文化，并全面了解在当今这些文化是如何重新被挖掘进入我们的婚礼形式选择中的。

第一章

关关雎鸠——来一场诗经时代的昏礼

昏　礼·婚　礼

关关雎鸠，在河之洲。窈窕淑女，君子好逑。

一首《关雎》，一支浪漫曲传唱了几千年。很多年轻人，即使不是太了解古代诗词，也可以脱口而出这两句表达爱情的诗词。

诗经中《周颂》时代最早，作于西周初年，是贵族文人作品，以宗庙乐歌、颂神乐歌为主，也有部分描写农业生产。汉式婚礼文化也开始于周代。这与殷商时代崇拜鬼神不同，《礼记·表记》："殷人尊神，率民以示神，先鬼而后礼。"简单说就是以神权治国，礼仪是服务鬼神的。周取代商以后，周公旦制定了《周礼》以维护周王朝诸侯分封体系下的政权。《周礼》涵盖了当时的政治、经济、文化、风俗、礼法。简单说就是虽有占卜祀神等文化留存，但治国从根本上已经抛开了殷商时期通鬼问神的方式，改为以礼治国。中国的礼乐文化也正是从这个时候起开始定型发展的，后世虽有流变，治国方式也有区别，但在礼仪文化是历朝历代都尊周礼，核心一脉相承。

婚礼也是如此。当然咬文嚼字地说，当时的婚礼指的是黄昏之礼，因此写作"昏礼"则更为确切。

《仪礼·士昏礼》对周礼中的昏礼部分内容有着详细的记载，但其语言晦涩难懂。为普及这一旧式的仪制，笔者创作了此书。现在就让我们打开历史帷幔，一窥这诗经时代的昏礼。

万世宗周——《周礼》中的昏礼

　　《周礼》为中国礼仪文化的起点，其中的昏礼因为其生活化的属性在今天也有着特殊的魅力及实用性，伴随着汉服文化运动，开始重新被人们挖掘使用。

　　为了让读者更形象地了解中国古代的昏礼制度，现在请大家跟随笔者的讲述穿越千年回到周代，看看这位名叫"周穿"的年轻人即将经历的昏礼是怎样的。

　　周代，周穿，20 岁，"冠而列丈夫"，也有了喜欢的人，家里人开始为他张罗昏礼事宜，行六礼的礼仪。

士昏礼之纳采

　　　　纳采又作纳彩，即男方家请媒人去女方家提亲，女方家答应议婚后，男方家备礼前去求婚。

　　首先要进行纳采之礼。周家选定良辰吉日，派遣使者身穿玄端（礼服），带着随从，捧着一只大雁，去女方家求婚。姑娘的父亲穿着玄端（礼服）出大门迎接，向使者行两次拜礼，而后与使者相互作揖，走进女方家的宗庙大门，此时双方相互行礼，在庭院中央再次相互行礼，然后男方家的使者从西边的台阶登堂，女方的父亲从东边的台阶登堂，而后向北面两拜，经过三次礼仪后，使者把大雁交给女方的父亲，就完成了纳采的礼仪。

士昏礼之问名

问名即男方家请媒人问女方的名字和出生年月日。

纳彩之后的第二礼是问名。周家再次选定良辰吉日，又遣使者抱着一只大雁出发了。见到女方的父亲后，使者先问询女方的名字和出生年月日，然后女方家的司礼者邀请周家的使者进宗庙享用筵席。周家的使者来到宗庙与女方的父亲相互行礼后，接受对方送上的酒和肉，然后相互拜别。

士昏礼之纳吉

纳吉即男方将女子的名字、八字取回后，在祖庙进行占卜。卜得吉兆后，备礼通知女方家，决定缔结婚姻。

问名之后，周家人拿着女方的姓名和生辰八字，在自家的宗庙里占卜吉凶。占卜的结果是大吉，于是又选定吉日，请使者再次出发，前往女方家纳吉。

使者捧着第三只大雁前往女方家，将占卜结果告知女方的父亲，相互寒暄后拜别。使者回周家复命。

士昏礼之纳征

纳征亦称纳币，即男方家以聘礼送给女方家。

八字相合，吉兆祥瑞，这就可以安心准备婚事了，下面的环节大多数人就比较熟悉了——给女方家送聘礼，过大定，准备娶媳妇。在一个诸事皆宜的好日子，周家的使者再次登门，带上了鹿皮、布帛作为聘礼。双方随从交接定亲的礼物，然后再入宗庙接受女方家的款待。

这亲事到现在算彻底定了。

士昏礼之请期

请期即经男方家择定婚期，备礼告知女方家，求其同意。

纳征之后不久，在家中长辈的安排下，周家的使者带着第四只大雁再次出发前往女方家请期。与女方司礼者商议确定好吉日，回来向周家的长辈复命。周家的长辈认可后，开始准备婚礼仪式。

士昏礼之亲迎

亲迎即新郎亲至女家迎娶。也包括后续的一系列婚礼典礼的仪式。我们现在常说的婚礼仪式，也就是指最后这个环节。

经历了无数期待与准备之后，终于迎来了迎娶新娘、大礼成婚的日子。

亲迎之前，周穿的父亲为他设筵告诉他为夫之道，教育他"往迎尔相，承我宗事。勖帅以敬先妣之嗣，若则有常"，周穿听从父亲的教育，领命去迎新娘。

迎亲队伍出发了。周穿坐在漆成黑色的马车里，他身着爵弁服，饰以黑色下缘的浅绛色裙，整个迎亲队伍隆重而整齐，所有随从都身穿玄端，其中有人手执灯烛在车前照明，并有两辆随从的车子。

与此同时，新娘的父亲也正在设筵款待女儿，等候来迎亲的新婿。新娘的父亲、母亲为女儿准备了衣、笄等物作为依凭，又教导她为人新妇的言行举止。

迎亲的车队到女家大门外停下。周穿上前见过女方的司礼者，这时新娘的父亲身穿玄端到大门外迎接，面朝西两拜，周穿面朝东答拜，新娘的父亲再次作揖，然后进门。到宗庙门前，相揖而入，如此三揖，到达堂下阶前。

谦让三番，周穿随岳父走上堂，面朝北，接过随从带来的雁放在地上，叩了两个头。这时新娘在女师的陪同下走了出来，新娘穿着饰有浅绛色衣缘的丝衣，女师以簪子和头巾束发，身穿黑色丝质礼服，站在新娘的右边。从嫁的媵女（新娘的女侍从，媵 yìng）皆身着黑色礼服，头戴簪子和束发巾，肩着绣有花纹的单披肩，跟随于新娘之后。周穿的岳父送女儿出门，又告诫她要敬慎行事，孝敬公婆。周穿的岳母为女儿束好衣带，结上佩巾，告诫女儿要勤勉谨慎，遵从夫命。庶母（旧时嫡出子女对父亲的妾的称呼）送新娘至庙门，为女儿系上盛物的小囊，对她重申父母之命。

这时周穿下堂出门，新娘随后下堂。女方的父母不再下堂相送。

新娘登几上车，女师为新娘披上避风尘的罩衣，周穿亲自为新娘驾车，马车轮转动三周后由车夫代替周穿驾车。而他乘坐自己的马车，先行返回，在大门外等候。

新娘到了夫家，周穿先上前对新娘一揖，请她进门。媵女拿上准备好的餐饮，周穿和新娘入同牢席。二人一起取食三次进食便告结束。二人再一起祭酒。完毕后，周穿出走室，换掉礼服。

周家的仆从撤去了室内的筵席，将室内恢复了原状。新娘在室内脱掉礼服交给媵女，周穿重新走入室内，亲自为新娘解缨，撤出灯烛。

第二天清早起床，新娘沐浴之后，以簪子和头巾束发，身穿黑色丝质礼服，等候拜见公婆。天刚亮的时候，执礼者引新娘拜见公婆。

公公婆婆以"一献之礼"（又称"三爵之礼"，大致分三步：主人取酒爵致客；客人还敬；主人自饮客人随着饮）来款待新娘，又以"一献之礼"来款待送亲的人。司礼者将妇俎之牲交给女家送亲的人，送他们回女家向新娘的父母复命。

婚虽然结了，但新娘正式成为夫家人，还有一个环节是必须的，那就是"庙见成妇"，庙见礼为"新妇祭行于祖先"——三个月后，周家选一个好日子，由周穿亲自带着新娘至宗庙祭告祖先，以表示该妇从此正式成为夫家成员。自此，成妇礼（"婚后礼"）完成。

本章内容主要探寻中国的礼仪之初，有兴趣的读者不妨了解一下最早的系统的婚礼仪式的相关记载。后面的章节将更贴近今天实践操作的礼仪文化。

士昏礼中的同牢席

在有关婚礼的文献中，有相当的篇幅介绍了婚礼中新郎与新娘共进晚餐的菜单。就礼制而言，这顿晚餐可不是简单地吃吃喝喝谈谈感情。而是严格遵守礼制的婚礼仪式内容。因为周人认为婚礼也是要上告祖先的，婚礼中也包含祭祀的仪程内容，所以环节必须严谨。这也包括了食材的准备和选用。我们来具体看看婚礼中会用到哪些食品，以及如何烹饪准备。

《仪礼·士昏礼》有关同牢食的原文如下：

期，初昏，陈三鼎于寝门外东方，北面北上。其实：特豚，合升，去蹄。举肺脊二、祭肺二、鱼十有四、腊一肫。髀不升。皆饪。设扃鼏。设洗于阼阶东南。馔于房中：醯酱二豆、菹醢四豆，兼巾之。黍稷四敦，皆盖。大羹湆在爨。尊于室中北墉下，有禁。玄酒在西。绤幂，加勺，皆南枋。尊于房户之东，无玄酒，篚在南，实四爵合巹。

翻译成大家听得懂的白话就是：

在迎娶之日，天色黄昏时，在寝门外的东边陈放三只鼎，面向北，以北为上。鼎中所盛之物有：一只小猪，除去蹄甲，合左右体盛于鼎中。举肺脊、祭肺各一对，鱼十四尾，除去尾骨的干兔一对。以上各物，皆为熟食。鼎上设置抬扛和鼎盖。洗手的铜盘设置在阼阶（即东阶）的东南面。房中所设置的食物有：醯（xī）酱两豆（青铜食器的一种）、菹（zǔ）醢（hǎi）四豆，六豆共用一巾遮盖。黍稷四敦，敦上都有盖子。煮肉汁炖在火上。酒尊设在室中北墙下，尊下有禁。玄酒（水）置于酒尊的西面。用粗葛布为盖巾，酒尊上放置酒勺，勺柄都朝南。在堂上房门的东侧置酒一尊，不设玄酒。篚在酒尊南边，内装四只酒爵和合巹（剖开的两半葫芦）。

婚礼中，这些食品会由执礼者按顺序摆放在同牢席上，供新人按照礼仪流程享用。夫席、妇席分别是新郎、新娘的位置，赞位是执礼人的位置，同牢席各种食品摆放位置如下图。

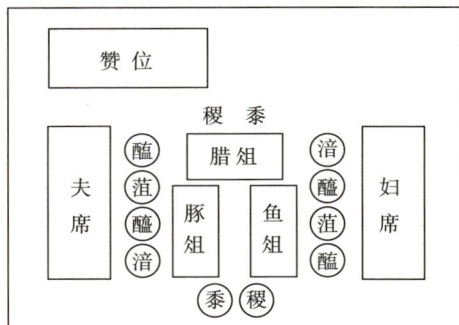

将同牢食的各种菜品再加以详细解读，内容如下：

豚俎：一只去掉猪蹄的小猪，以及猪肺两片，肺尖两块，烹饪好放入一只鼎中。烹饪方式一般是煮或者用油没过小猪油煎。鼎中同时有肉汁，在婚礼中也会用到。

鱼俎：十四尾鱼干，或腊鱼放入一只鼎中。

腊俎：去掉尾巴的腊兔子两只，或者腊肉两条放入一只鼎中。根据食材而定。先秦的腊肉和后世区别不大，都是通过烟熏制作，但一些调料不会像现代这样齐，只能保证基本的咸味儿。

湆：肉汤。

醯：醋酱放入两只豆中。是指醋酸化处理的蔬菜水产或肉类的酱。

菹：腌菜放入两只豆中。是指用盐腌制菜蔬做成的食物，与今天不同的是先秦大量食用野生蔬菜，这与当时的蔬菜培植技术不发达有关，今天很多常见的蔬菜在先秦还是野生状态。

醢：肉酱放入两只豆中。是指切碎的肉做成的酱，需要注意的是先秦还没有豆酱，提到酱必然是指肉酱。

黍：米饭放入两只敦中。一般指今天的小米饭，在婚礼中要浇着肉酱汁食用。

稷：米饭放入两只敦中。一般指今天的黄米饭，可能大家分不清黍稷两种米了，其实很简单，小米熟了不黏，黄米熟了黏，这样大家就好认识了，在婚礼中同样会浇着肉酱汁食用。

香草美人，诗礼嫁衣

后世流传很多关于服饰礼器的书籍文献，比如《新定三礼图》，历代的《舆服志》等，都有一定的参考价值 。面对遥远的先秦历史，众多文献的编纂总结其实是后来人研究的成果，不可避免地代入了研究者所在时代的信息，而考古中出土文物以及简牍等资料对众多的文献记载加以证实。当然，谈这些不是让大家把方向转向历史和文物考据，而是给大家拓展思路，不拘泥于一两本文献。

本书开篇已经说过，汉式婚礼是当代的婚礼，本章内容探古的目的是让大家对当代汉式婚礼有更明确的认识，这对今后的策划执行都是十分有利的。

依据目前的考古文献资料，仅就我们的婚礼服饰特点来说，先秦时代的服饰有三种典型的形式：

一是中原列国的服饰文化体系，依托周礼制定的礼服制度，婚服自然也是尊周礼形式。

二是西北地区的服饰文化体系，以秦国为代表。在东周末期至一统六国期间达到顶峰。

三是南方地区的服饰文化体系，以楚国文化为代表，服饰也独具特色，并延续发展至汉。

现在我们就一一解析这三种服饰文化体系下可能的婚服形式。

谨遵周礼的中原列国婚服形式

参照《新定三礼图》以及《仪礼·士昏礼》的记载，周礼的婚服也是当时冕服体系的组成之一。

下面分别从男子婚服和女子婚服两个方面谈。

周礼之中的婚服其实也是当时贵族礼服制度的重要组成。而礼服制度的男子礼服，主要是冕服之制。冕服中有一些种类是可以供不同级别的贵族在婚礼中作为礼服使用的。

说到冕服之制，传说殷商时期已有，至周定制规范、完善。自汉代以来历代沿袭，源远流长，虽冕服的种类、使用的范围、章纹的分布等屡有更定、演变，各朝不一，但冕服制度一直沿用了下来，直至清朝。

冕服等级从高到低分为六种，主要以冕冠上"旒"的数量、长度与衣和裳上装饰的"章纹"种类、个数等内容相区别，但都是黑色上衣配红色下裳，即所谓的玄衣纁裳（注：此"六冕之制"，后世各代多为不完全照搬）。

先从帽子说起，古代大夫以上的礼冠，顶有延，前有旒，故曰"冕旒"。冕冠是汉服礼服中搭配冕服的冠式，也是中国古代最重要的冠式，也称"旒冠"，俗称"平天冠"。旒冠与冕服、赤舄（xī）、佩绶、玉圭等同时在祭祀等大典时穿用，是帝王、王公、卿大夫在参加祭典等典礼活动时所戴的等级最高的礼冠。

冕冠主要由如下九个部分组成。

玉笄：纽中可插玉笄，以便将冠固定在发髻上。

冕旒：綖的前后两段垂旒，用五彩丝线穿五彩圆珠而成，象征君王有所见有所不见。旒的多少视佩戴者的身份决定，有三、五、七、九、十二之分，以十二旒最为尊贵，是天子及帝王的专用。

冕延：又写作綖，最上面的木板，又称冕板、延板，上黑下红、前圆后方，象征天圆地方之意。后面比前面应高出一寸，使呈向前倾斜之势，即有前俯之状，象征君王应百姓，冕的名称由此而来。

帽卷：即帽身，帽卷夏用玉草、冬用皮革做骨架，表裱玄色纱，里裱朱色纱做成。

武：帽卷底部的帽圈，用金片镶成。中古时期以前，冠武正前方饰以玉蝉，意为受禅于天。

缨：冕板左右垂下的红丝绳，在颔下系结，用于固定。

纩：系在冠圈上悬在耳孔外的两块黄玉，叫作瑱，俗名充耳。因悬挂于两耳边，象征君王有所闻有所不闻，不轻信谗言。

紞：垂在延的两侧用以悬纩的彩绦。

天河带：冕板上垂下来的一条两指宽的红丝带，长度可以垂到下身。天河带至迟战国时代就已出现，其可考据样式多出现在隋唐以后的画中（比如阎立本的"历代帝王图"），宋代才有明确的定制。明代恢复冕冠时去掉了天河带。

冕冠的旒数按典礼轻重和服用者的身份而有区别，按典礼轻重来分，天子祀上帝的大裘冕和天子吉服的衮冕用十二旒；天子享先公服鷩（bì）冕用九旒，每旒贯玉九颗；天子祀四望山川服毳冕用七旒，每旒贯玉七颗；天子祭社稷五祀服希冕，用五旒，每旒贯玉五颗；天子祭群小服玄冕，用三旒，每旒贯玉三颗。按服用者的身份地位分，天子的衮冕用十二旒，每旒贯玉十二颗。公之服鷩冕用九旒，每旒贯玉九颗；侯伯服毳冕，用七旒，每旒贯玉七颗；子男服绣冕，用五旒，每旒贯玉五颗；卿、大夫服玄冕，用三旒，三公以下只用前旒，没有后旒。凡是地位高的人可以穿低于规定的礼服，而地位低的人不允许越位穿高于规定的礼服。见《周礼·夏官·弁师》。但后来旒渐渐只限于帝王，于是"冕旒"则成了帝王的代称，同时也是帝王的象征。

周朝礼仪规定，戴冕冠者都要身着冕服，冕冠的基本样式以及这套冕冠制度也一直被后代所沿用。现在我们再来说说周贵族身上穿的冕服。

大裘冕：天子王祀昊天上帝的专用礼服，冕冠不用冕旒，主衣不用织物布帛。用黑色的羊皮制成。为冕与中单、大裘、玄衣、纁裳配套。纁即黄赤色，玄即青黑色，玄与纁象征天与地的色彩。

衮冕：王之吉服，配九旒冕冠，玄衣纁裳，衣绘龙、山、华虫、火、宗彝五章纹，裳绣藻、粉米、黼、黻四章纹，共九章。周天子衮冕衣服上只有九章纹。

鷩冕：王祭先公、飨射所用，配七旒冕冠、玄衣纁裳，衣绘华虫、火、宗彝三章纹，裳绣藻、粉米、黼、黻四章纹，共七章。

毳冕：王祀四望山川所用，配五旒冕冠、玄衣纁裳，衣绘宗彝、藻、粉米三章纹，裳绣黼、黻二章纹，共五章。

绣冕：王祭社稷、先王所用，配四旒冕冠、玄衣纁裳，衣绣粉米一章纹，裳绣黼、黻二章纹。

玄冕：王祭群小四方百物时所用，配三旒冕冠、玄衣裳，衣无章纹，裳绣黻一章纹。

冕服上十二章纹的多寡表明了穿着者的不同地位。

十二章纹，又称十二章、十二文章，是中国帝制时代的服饰等级标志，帝王及高级官员礼服上绘绣的十二种纹饰，分别为日、月、星辰、群山、龙、华虫、宗彝、藻、火、粉米、黼、黻等，通称"十二章"。内涵十分丰富。十二章纹的起源可追溯到史前时期，到了周代正式确立，成为历代帝王的服章制度。

十二章纹的形象及代表含义

名称	形象	含义
日	即太阳，太阳当中常绘有金乌，这是汉代以后太阳纹的一般图案，取材于"日中有乌""后羿射日"（《淮南子·精神训》等）等一系列神话传说	取其照临之意
月	即月亮，月亮当中常绘有蟾蜍或白兔，这是汉代以后月亮纹的一般图案，取材于"嫦娥奔月"（《归藏》《淮南子》古本、张衡《灵宪》）等优美的神话传说	
星	即天上的星宿，常以几个小圆圈表示星星，各星星间以线相连，组成一个星宿	
山	即群山，其图案即为群山形	取其稳重、镇定之意
龙	为龙形	取其神异、变幻之意
华虫	就是"雉"，"华虫者，谓雉也。……雉是鸟类，其颈毛及尾似蛇，兼有细毛似兽"（《礼记·王制》孔颖达疏）	羽毛五色，甚美，取其有文彩之意
宗彝	即宗庙酒器，作尊形	取供奉、孝养之意
藻	即水藻，为水草形	取其洁净之意
火	即火焰，为火焰形	取其明亮之意
粉米	即白米，为米粒形	取有所养之意
黼	是黑白相次的斧形，刃白身黑	取割断、果断之意
黻	是黑青相次的"亚"形	取其辨别、明察、背恶向善之意

周朝是冕服正式确立的时代，后世记载"尊古礼"都是意图去还原周朝的典章制度。可以穿正冕服的有天子、公、侯、伯、子、男、孤、卿、大夫。各级人员在重大祭祀场合，祭拜先王、宗庙的时候，需要穿着自己所属的最高级别的冕服。冕服的制度在战国时因为周室衰微，战国七雄在礼乐上都有所减损，对于实际需要上无用的韨佩等去而不用，到始皇时将六冕服的制度完全废止，只用元冕（即玄冕），也有说皆服袀玄之衣的。《后汉书·舆服志》载："秦以战国即天子位，减去礼学，郊祀之服，皆以袀玄。"

冕服穿着的相关制度

冕服的等级	人员的等级	冕服的章数	上衣章纹	下裳章纹	冕冠冕旒数
大裘冕	天子	无	无	无	无
衮冕	天子	九章	龙、山、华虫、火、宗彝	藻、粉米、黼、黻	12
鷩冕	公	七章	华虫、火、宗彝	藻、粉米、黼、黻	9
毳冕	伯、侯	五章	宗彝、藻、粉米	黼、黻	7
绣冕	子、男	三章	粉米	黼、黻	5
玄冕	卿、大夫	一章		黻	3

看过了男子的礼服制度，再看看文献中女子的礼服体系。

《周礼·天官·内司服》中记载，内司服掌王后六服：袆衣、揄翟、阙翟、鞠衣、展衣、褖衣。其中最高等级的袆衣、揄翟、阙翟三种都是以翟鸟为纹，故这三种祭服合称"三翟"。翟衣为深衣制，衣料为蚕丝织成的锦或罗，皆以素纱为里，阙翟赤，揄翟青，袆衣玄。

其中袆衣，袆（huī）和翚（huī）有关，翚，一般认为其为五彩野鸡，所以"袆衣，画翚者"。《释名·释衣服》记载，"王后之上服曰袆衣，画翚雉之文于衣也""从王祭先王则服袆衣"。

揄翟，据《周礼》记载"揄翟，画摇者"，摇是鹞的意思，一般认为是一种长尾雉，"祭先公则服揄翟"。

阙翟，"祭群小祀则服阙翟"。

在三翟祭服中，侯爵伯爵夫人服揄翟，子爵男爵夫人服阙翟，而袆衣是只有王后才能穿戴的。

所以我们在诗经中看到"玼兮玼兮，其之翟也。鬒发如云，不屑髢也"。其中的"翟"就是指诸侯夫人翟衣，"玼，鲜盛貌。翟衣，祭服，刻绘为翟雉之形，而彩画之以为饰也"。

其他还有鞠衣、展衣、缘衣，分别是在亲蚕、礼宾和燕居时使用。

就像本节开篇介绍的，这些依据《新定三礼图》等文献资料描绘的内容很多是否为历史事实还是存疑的，如果历史果真如此，那文化风貌明显不是一个感觉的汉唐宋明的贵族皇家服饰岂不是男男女女都一个款式了吗？这显然和壁画与众多出土文化的事实不符，因此本书的知识汇总搬运能做的工作也仅限于此了。这些资料可以给大家一个参考。

看过了不同的贵族礼服，我们回过头来再从《仪礼·士昏礼》看看士阶层的新郎新娘。说起来就要简单多了。

仅仅几行字就可以概括。

新郎服饰：头戴爵弁，身穿黑色的玄端礼服，黑色裙边的红裙子，白色的绢布单衣，黑里透着红的蔽膝，红色的翘头鞋。新娘服饰：头戴假发，用宽二尺二（汉代二尺二约50厘米），长六尺的布帛束发，并插上一尺二长的发笄。正婚礼的时候，穿玄色通身红黑色衣缘的礼服，拜见公婆时，则穿黑色的丝服。

　　这些仅仅是文献中的婚服形象，笔者在实际的婚礼操作中遇到过一对新人，他们的婚服是直观感觉最接近文献记载的。在制作婚服的时候，为了表现黑里扬红的感觉，巧妙地用红色面料加外层半透黑纱的制作方式为自己的婚礼打造了一身有别于他人的庄重大气的婚服。

当代汉式婚礼中试图找寻《周礼》中原始礼制感觉的婚服作品

简单务实整齐划一的秦人服饰

与中原诸侯国的服饰文化依托于《周礼》，研究了解也大都从文献中找寻资料不同，对秦人服饰的研究有文献资料的佐证，更多的来自对人俑塑像类文物的考据。文献记载，秦始皇统一中国，也统一了制度，包括衣冠服制。

秦始皇时期，在冠服制度上，废除六冕，只采用一种祭祀礼服。《后汉书·舆服志》载："秦以战国即天子位，减去礼学，郊祀之服，皆以袀玄。"因此秦始皇规定的大礼服是上衣下裳同为黑色的祭服，原因是他相信秦代属水德。始皇二十六年，规定衣色以黑色为最上。又规定，三品以上的官员穿绿袍，一般庶人穿白袍。官员头戴冠，身穿宽袍大袖，腰配书刀，手执笏板（上朝用的记事工具），耳簪白笔。当时的男子多以袍服为贵，袍服的样式以大袖收口为多，一般都有花边。百姓、劳动者或束发髻，或戴小帽、巾子，身穿交领长衫，窄袖。

秦始皇喜欢宫中的嫔妃穿着漂亮，以华丽为上。由于他减去礼学，嫔妃的服色以迎合他个人喜好为主。

凤舞九天炫彩霓裳的楚人服饰

楚服对周代的服饰形制有着变通与发展，深衣是较好的一例说明。

深衣是一种古老的服装样式，在战国至汉时颇为流行，这在诸多文物中可以找到图像及实物依据，有曲裾深衣和直裾深衣之分。著名考古学者孙机先生认为："从渊源上说，楚人着深衣系效法北方各国。但及至西汉，由于开国君臣多为楚人，故楚风流布全国；北方原有的着深衣之习尚为楚风所扇而益盛。"

相对《周礼》中钦定的以衣裳为主的礼服形式，深衣衣裳一体。穿着更为方便，用料更为节省。简化了结构，但在楚人独特的艺术创造力下，简单的服饰结构也能产生独特的美感。

沈从文先生在其《中国古代服饰研究》一书中说："楚服的特征是男女衣着多趋于瘦长，领缘较宽，绕襟旋转而下，衣多特别华美，红绿缤纷，衣上有着满地云纹，散点云纹，小簇花纹，边缘多较宽做规矩图案，一望而知，衣着材料必出于印、绘、绣等不同加工，边缘则使用较厚重织锦。"

楚式衣袍在细节处虽有差别，但共同点皆为右衽、直裾、上下分裁、腋下有"裆"，与周代服饰有诸多相同之处，两者之间存在明显的承继关系。

楚服在服装款式、衣料、色彩、图案上有着地处南国的独有特色。《战国策·秦策》中有相关的描写："不韦使楚服而见（华阳夫人）。王后悦其状，高其知，曰：'吾楚人也。'而自子之。"看见对方穿了一件楚服，华阳夫人就如此欣喜。一是老乡之情，二是服饰精美让人心旷神怡。

其他历史人物对楚人服饰也多赞誉有加。姚宏注："楚服，盛服。"鲍彪注："以王后楚人，故服楚制以悦之。"博得王后注目的是不同于北国的楚乡服饰。

除了精美，楚人的服饰还充满了浪漫的感觉。这种浪漫体现在服饰的飘逸之风，犹以舞女的长袖细腰为妙，《战国策》《墨子》都有"楚王好细腰，宫中多饿死"的典故，屈原《大招》中称赞美女"小腰秀颈"。细腰不仅使身材更加颀长高挑，而且腰肢的纤细灵活更加衬托出女子的轻柔之美。

这种浪漫还更多地体现在楚服的图案中。楚人相信自己是火神的后代嫡传,以凤凰为崇拜物。凤是人间最美的生灵,身披五彩,能歌善舞,品性高尚,至真至善,鼓力而风,能使国家安宁。诸多战国楚墓出土的丝绸制品,纹样多为凤鸟。屈原《离骚》中有辞云:"吾令凤鸟飞腾兮,继之以日夜"。《大招》载:"魂乎归来,凤凰翔只。"

在湖北马山楚墓出土的刺绣丝织品中,纹样有蟠龙飞凤纹、对龙对凤纹、龙凤相蟠纹、龙凤相搏纹、凤舞飞龙纹、飞凤纹、凤鸟花卉纹、凤鸟践蛇纹、凤斗龙虎纹……

这些纹样以各种各样的凤鸟、龙、蛇、虎、花为主题,严格遵循对称的原则,同时又以流畅的线条来做夸张的构图,色彩缤纷又稳重统一。楚人崇凤、华夏崇龙、巴人崇虎。值得一提的是楚人也有大量虎载翔凤的形象。后来的汉王朝还大量出现了龙凤形象,广泛地应用到服饰和玉器漆器中。

以"凤"为主角的服饰纹样也许正是楚人强盛时期的心态反映,"凤搏龙虎"也正是远古不同民族的凤文化与龙虎文化之争斗的延续。

综合以上所述,我们对楚人婚礼的衣服又可以大胆地展开想象了,男女婚服,色彩华美,描龙绣凤。男子宽袍大袖,女子曲裾层叠盘绕。相对中原诸国的依礼刻板,西北秦地的简单粗犷,又是一番别样的风采。

钟鼓乐之——周礼礼器

　　周的礼器可以说是青铜器的天下！

　　西周是中国古代青铜器发展的重要时期。在此期间，青铜冶铸技术继续发展，铜器的数量有较大的增长，但种类有一个较明显的淘汰和更新过程。反映到婚礼当中主要是礼器、食器和酒器的运用。

　　西周早期的青铜礼器和商代晚期的青铜礼器不容易区分，考古界也干脆把这段时期的青铜器合并为一个类别研究。对于广大读者而言，还用不到如此专业化的历史文化知识。只要能明白先秦这个大历史背景下几个典型的时代区格就行了。

　　很多人容易把先秦文化当成一个时代的文化，这可就大错特错了。太久远的几乎没有文物佐证的夏朝乃至三皇五帝女娲伏羲就不提了。就算是有丰富文物佐证的商朝和之后的周朝，以及东周西周的文化差异都很大。

　　以青铜器而论，出现在礼仪中的品类，商和西周中期以后，就有极大的不同。那就是商朝的礼仪青铜器以酒器为主，而西周中后期的礼仪青铜器以食器为主。说得再明白点，周礼建立之后，婚礼中的仪式就是一个小型祭祀。而商朝的祭祀礼仪文化是围绕酒文化展开的，所谓殷商纣王的酒池肉林也不是空穴来风。商人好饮也是多有史料记载的。

　　西周食器缘何逐渐取代酒器，成为西周时期的重要礼器？进入西周以后，青铜食器的地位在君主礼器中更加突出，在《尚书》中曾记载，周人鉴于商人酗酒亡国，故周朝自建国始，吸取商人的教训，对饮酒设置了种种限制，以此来改变当时社会尚酒的风气。当然这仅仅是一种观点，还有一种观点认为，伴随着生产力水平的提升，当时的贵族已经可以使用更为隆重的仪式了，所以制定周礼的时候就改变了以酒告神明的地位。

在周早期，酒器还是大量存在的，爵、觚、尊等在早期仍然有，但数量开始减少，酒器减少，相应的食器在礼器体系中增加，其品类包括鼎、鬲、簋、盂、豆等，每类都有增加新的造型和纹饰，使用更为广泛并且功能也在不断强化，致使许多青铜酒器从西周中期开始走向灭亡。

当东周建立后，中华开始进入了你来我往，异彩纷呈的春秋战国时代。各种青铜礼器开始走向造型和工艺的巅峰。当然也是中国青铜礼器最后的辉煌。

现在就回头从《仪礼·士昏礼》原文看看婚礼中我们会用到哪些礼器吧。

《仪礼·士昏礼》："期，初昏，陈三鼎于寝门外东方，北面北上。其实：特豚，合升，去蹄。举肺脊二、祭肺二、鱼十有四、腊一肫。髀不升。皆饪。设肩鼏。设洗于阼阶东南。馔于房中：醯酱二豆、菹醢四豆，兼巾之。黍稷四敦，皆盖。大羹湆在爨。尊于室中北墉下，有禁。玄酒在西。

绤幂，加勺，皆南枋。尊于房户之东，无玄酒，篚在南，实四爵合卺。"

通过对原文进行翻译，我们可以看到以下几种青铜礼器食器。现在为大家一一介绍。

匜（yí）：中国古代汉族贵族

西周匜

举行礼仪活动时浇水的用具，出现在西周中后期（约 2700 年前），盛于东周。匜形椭长，前有流，后有鋬（pàn），多有四足。

西周盘

盘：商周时期宴飨使用，宴前饭后要行沃盥之礼，盘作为洗手盛水的器皿。《礼记·内则》载："进盥，少者奉盘，长者奉水，请沃盥，盥卒授巾。"至战国以后演变为洗，盘也仍在使用。

簋：古代中国用于盛放煮熟饭食的器皿，也用作礼器，圆口，双耳。流行于商朝至东周，是中国青铜器时代标志性青铜器具之一。

敦：中国古代食器，在祭祀

西周盘簋（春秋变为敦）

和宴会时放盛黍、稷、稻、粱等作物。出现在春秋时期，后来逐渐演变出盖。到战国时多为盖形同体。常为三足，有时盖也能反过来使用。由于《仪礼》的作者是汉初的高堂生，因此里面有些礼器在西周早期并没有出现，所以在《仪礼》中有关婚礼的部分只看到春秋时期才出现的敦，而没有看到西周早期应有的簋。

春秋敦

鼎：最重要的青铜器之一，是古代中国用以烹煮肉和盛贮肉类的器具。夏商周代及秦汉延续两千多年，鼎一直是最常见和最神秘的礼器。鼎有三足的圆鼎和四足的方鼎两类，又可分有盖的和无盖的两种。

西周鼎

豆：像高脚盘，本用来盛黍稷，供祭祀用，后渐渐用来盛肉酱与肉羹了。早期无盖，后期有盖。

西周豆

爵：可以说是最早的酒器，功能上相当于现代的酒杯。流行于夏、商、周。爵的一般形状，前有流，即倾酒的流槽，后有尖锐状尾，中为杯，一侧有鋬，下有三足，流与杯口之际有柱，此为各时期爵的共同特点。

西周爵

尊：今作樽，是商周时代中国的一种大中型盛酒器。青铜器，尊的形制圈足，圆腹或方腹，长颈，敞口，口径较大。尊盛行于商代至西周时期，春秋后期已经少见。

在汉风婚礼中，尤其是意图参照《仪礼·士昏礼》进行筹备操作的汉式婚礼，青

西周尊

铜器因为其古朴的造型深受广大从业者的青睐，甚至青铜礼器的使用数量和程度成为很多从业者彰显实力的一个指标。

但大家有所不知，古玩市场中的大量青铜礼器仿制品是针对收藏使用的工艺陈设，真的要用到婚礼中，那可是留了不少"坑"呀。下面这些经验教训正是著者一步一步走过的，在这里分享给大家。

大坑 1：如果你认为青铜礼器就是绿的——

中国商周时代的青铜古称金或吉金，青铜是世界冶金铸造史上最早的合金，其成分是锡青铜和铅锡青铜，当时的青铜器颜色类似"土豪金"，并不是出土后的绿色。中国的青铜器时代从公元前 2000 年左右开始，经夏、商、西周和春秋时代，大约经历了十五个世纪。在商代晚期和西周早期，青铜的冶铸达到高峰。

今天我们看到的所谓青铜器尤其是文物市场出售的工艺品，基本上显露的绿色有两种来源：一种是很新的但又是绿色的，这是用含铜颜料涂抹的效果，你如果用这样的工艺品做道具，材质容易掉色；还有一种，锈迹斑斑，疙疙瘩瘩的粘了一身泥土，看着真像出土文物，不过这味儿可真是酸爽。这种也不能用来做道具。

大坑 2：如果你觉得后母戊鼎看着气派——

很多人一提起青铜器，就想起课本里面的后母戊大方鼎，很多人也就跟着思维定式购买了复制的方鼎作为汉式婚礼的礼器。但是这里要告诉您一个基本的常识，那就是方鼎的使用年代主要是商代和西周极早期。这是第一，时代不对。更重要的是，后母戊大方鼎是用于祭祀逝者，怎么说也不适合用于婚礼中。

大坑 3：如果你用青铜器放食品——

因为青铜器就算是按照古代工艺制作的全新的礼器，也是不能像古人一样装食品的。铜也是重金属的一种，有一定的毒性，尤其是生锈产生的碱式碳酸铜，更是出名的有毒物质。

在近十年的从业经历中，唯一一次新郎用青铜酒爵喝酒的事情迄今记忆犹新。那是亲迎醮子的环节，新郎接过父亲递过的一爵酒，当时交代的是做个动作不要喝，但也许是新郎忘了，也许是当时气氛使然，总之新郎真的就喝了，但抿着嘴想咽咽不下去，想吐又不敢吐……

从那以后，青铜礼器使用过程中，酒器不放饮品，食器隔离生菜叶成了笔者执行婚礼的必备环节，直到后来，汉风系列婚礼完全淘汰了青铜礼器，改用漆器礼器，彻底解决了食品卫生问题。

芳馨成堂——周礼中的建筑礼制

要更好地理解周朝的婚礼制度，必须对周朝时期的建筑布局有一定的了解，目前的主要依据还是文献资料。

中国古代的建筑大多是由原始社会时期的地穴式建筑发展而来的。随着生产力的发展，建筑技术不断进步。由深地穴到浅地穴，再到地面建筑，甚至高台建筑。贵族的居住水平不断提高，同时在解决了居住舒适度的同时，建筑的礼仪作用开始显现。专用的礼制建筑开始出现。用于居住的建筑布局也开始兼顾礼仪活动需求。

在周礼创建的西周时期，建筑的规模、布局也被包含到礼制规范中。在《仪礼·士昏礼》中，有相当的篇幅是涉及当时建筑的礼制规范的。

根据相关文献，我们画出一幅标准的西周贵族的宅邸平面图。西周的贵族宅邸按照礼制要求包括两个并列的院落。据《礼记·曲礼下》记载："君子将营宫室，宗庙为先，居室为后。"

贵族的宅邸建筑是先造庙后造寝的。庙与寝并列在一起，寝在西，庙在东。庙与寝各自占据一个院落，布局近似。同时庙与寝中间共用一段墙隔开。有门相通，名叫闱门。据《释宫》记载："宫中之门谓之闱，其小者谓之闱，小闱谓之合。"

庙与寝各有一个门，布局相同。各自被称为寝门和庙门。寝门和庙门都不是独立的门，都是被包裹在建筑之内的。这个建筑被称为塾，类似于

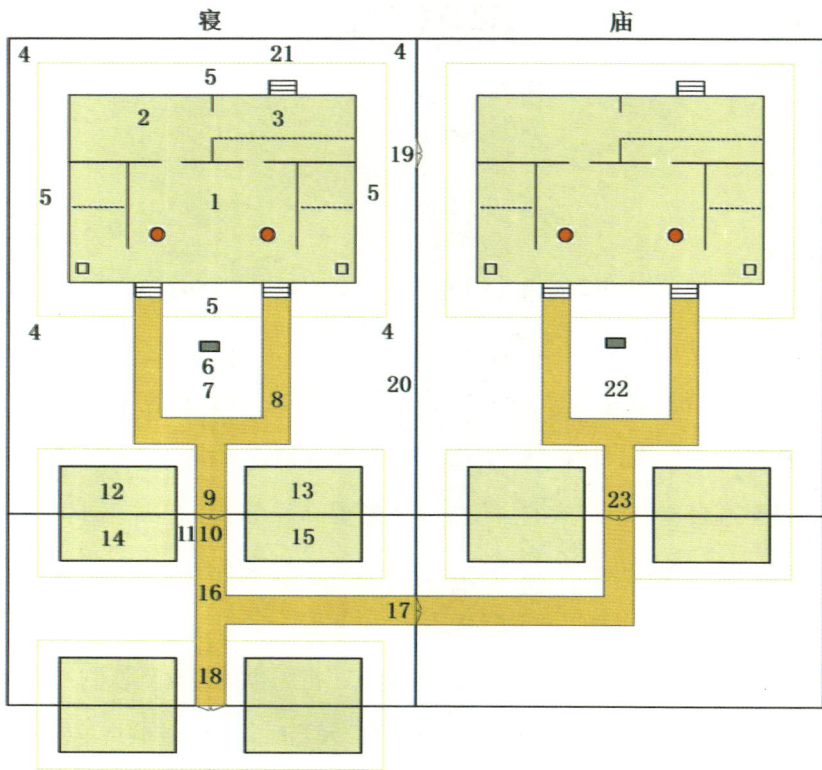

1—寝之堂；2—寝之室；3—房与北堂；4—细线表示屋宇范围；5—表示屋之四容；6—碑；7—寝庭；8—堂途；9—寝门；10—橛；11—东西两枨；12—内西塾；13—内东塾；14—外西塾；15—外东塾；16—门屋之宇，亦称门溜；17—合门；18—大门/外门；19—闱门；20—寝庙隔墙；21—下室（内堂）；22—庙庭；23—庙门

后世四合院建筑的门房。所谓的私塾也是得名于在这个位置的房间给孩子授课。

以大门为界，东侧房屋被称为东塾，西侧的房屋被称为西塾。与后世门房不同的是，周礼建筑中塾有内外之分，中间房内还有隔墙。就是文献中所说"一门而塾四"。在礼仪活动中，塾可陈放有关的器具。比如《仪礼·士昏礼》中记载，亲迎当日，夫家于寝门外放置三只鼎，指的就是寝的两塾之间的门。

门中央立一根短竖木，被称为橜。橜两侧是东西两个门扇。门的两侧有长木叫作枨。人进出从枨之间走，这个门也被叫作名中门。门上横木叫作楣，门下横木叫作阈。其实这段介绍的各种生僻字说的就是一组门的结构。上下左右的门框，限制大门打开位置的短木桩子，两个门扇而已。不用过多解读想复杂了。

寝与庙这一部分的结构相同。同时寝与庙各自中门之外还各有一进院落。两个院落间同样有墙隔开，设门，被称为合门。

寝的中门之外另有一组门塾建筑，这道门被称为大门。大门两侧也有塾，塾的建筑与中门之塾布局相同。庙的中门外无塾。庙通过合门与寝共用一个大门。因此婚礼中六礼多次进入女方家庙。都是先进大门，后进合门，再进庙之中门的顺序。

寝和庙中门之内都有庭院，被称为寝庭和庙庭。院子中间都有方碑。通过方碑太阳照射下的阴影判断时间。

庭的宽度与房屋宽度相关，依据礼制有三个厅堂的进深，东西阶下各有一道堂途，宾主由此出入，堂途又被称为"陈"。

看过了外部建筑布局，我们再来登堂入室看看西周贵族宅邸的建筑内景。

西周贵族的建筑都会搭建在土台上，不管高低。既是体现贵族的地位威严，也是让居住的环境更为舒适。获得良好的采光，也让地面的潮气不容易侵袭室内。

登台需要台阶，台阶有三阶。东侧的被称为阼阶，供主人用。西侧的

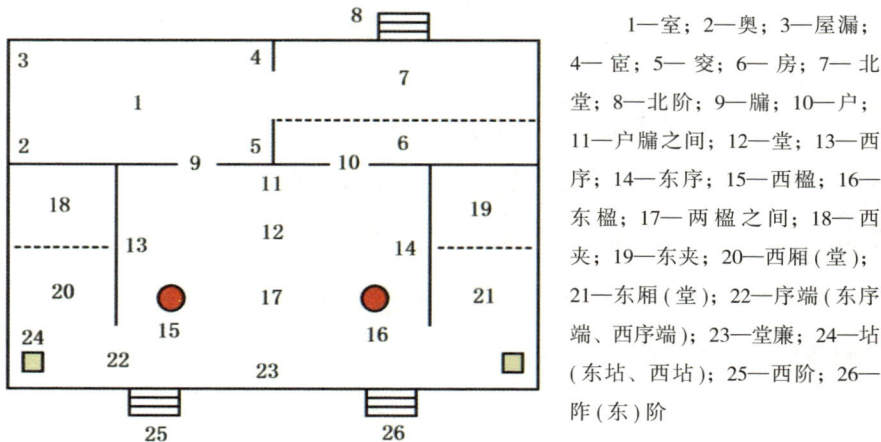

1—室；2—奥；3—屋漏；4—宧；5—窔；6—房；7—北堂；8—北阶；9—牖；10—户；11—户牖之间；12—堂；13—西序；14—东序；15—西楹；16—东楹；17—两楹之间；18—西夹；19—东夹；20—西厢（堂）；21—东厢（堂）；22—序端（东序端、西序端）；23—堂廉；24—坫（东坫、西坫）；25—西阶；26—阼（东）阶

被称为西阶，为宾客所用。台阶各自外侧有两个土堆，被称为坫，分东西。

登上台阶，就进入了堂。堂的东西北有墙，南面无墙，堂向庭的边缘被称为堂廉。中间约三分之二为堂，两侧有墙相隔，被称为序，也分东西。两序不到堂廉，被称为序端。东序东边和建筑外墙之间的空间，前半部分被称为东厢，后半部分被称为东夹。同理，西序西边的空间也是一样结构和名称，只不过方位为西。厢也被称为堂，称为东堂、西堂。

西周时期，普通的贫苦百姓居室往往只有进门一间房间。而贵族宅邸则被分为一堂一房一室。在《汉书·晁错传》中记载"家有一堂二内"。

士以上的贵族，室是他们居住的地方，婚礼的卧房即室。室东面的房间被称为房，是在堂上行礼时陈放有关礼器的地方，也是主妇活动的场所。室房的前面有"堂"，是会客行礼之处。房室之间有户相通。

堂入房的门户与堂入室的室牖之间，称为户牖。堂上有两根柱子，称为楹，分别叫作东楹西楹，中间被称为两楹之间。主人如果举行宴客之礼，东序是主人的席位，户牖之间是正宾的席位，西序是众宾的席位。二楹间是宾主行礼的地方。

房的东南西三面有墙，房的南向有户。北面无墙，有台阶通向房外，称为北阶，因此房的靠北部分也称北堂。

室是婚礼中的重要空间。室的南向有牖。东向有户，与房相通。室四面有墙，房屋的四个角被称为四隅。很多场合会提到人的向隅本能指的就是在遇到危险时人会下意识地往空间的角落躲闪。

在《释宫》里室的四隅各有名称："西南隅谓之奥，西北隅谓之屋漏，东北隅谓之宧，东南隅谓之窔。"

奥是主人生时坐卧，死后祭祀的地方；屋漏是祭祀改馔的地方；宧是饮食或烹饪食物的地方；窔是室内放置物品的地方。

《仪礼·士昏礼》中的同牢之席就设于奥。祭祀位置在奥，结束后，改设于西北隅，被称为改馔。

以上就是典型的西周贵族的宅邸建筑布局。希望这些知识对大家了解很多礼仪文献中涉及的建筑及室内布局有所帮助。

趣味篇番外一：殷商悬想

周礼的建立是中国古代国家制度的一个转折点，简单说由商朝以神权治国，变为以礼权治国。作为婚礼，自周朝开始有周礼明确钦定的制度。商朝人的婚礼又该是什么样的呢？在很多了解一些殷商文化的人眼中，商文化总归给人一些神秘感，恐怖感。其实商也有丰富的文化，只不过相比其他朝代，人们对商的误解恐怕更多。就让我们依托不多的史料看看商的婚礼制度，悬想一下那个时代的婚礼仪式吧。

商朝的法制指导思想即先秦时期达到顶峰的神权法思想。《礼记·表记》载："殷人尊神，率民以事神，先鬼而后礼。"这反映出商代人对鬼神迷信之深。把鬼神看得高于一切，重于一切，这是商代人意识形态的最大特点，它广泛而深刻地影响到商代社会生活的各个方面。商代人凡事都会占卜向鬼神请示。商代的统治者在司法审判实践中也会进行烦琐的占卜，充分反映了他们敬鬼神的神权思想意识。"敬鬼神，畏法令"，一语道破了商代统治者神权法思想的实质："敬鬼神"是为了使人们"畏法令"；体现奴隶主阶级意志的法令，被套上了一圈神秘的光环。一切司法活动都成为鬼神的意志。商朝政权的组织形式是君主专制制度，商王有至高无上的权力。尤其到了后期，国家的政治、军事、祭祀、农事、刑罚都由商王决定，商王是商奴隶制国家的最高统治者。

商王利用人们长期以来对图腾、祖先神的崇拜等迷信心理，"以神道设教"，把商王说成神的化身，给王权披上神权的外衣，把王的一切活动说成是上帝赋予的，王是代表上天到人间来统治的，说商的祖先就是上天的子孙。商王之所以假借神权来统治，就是为了维护君主专制制度，企图在神权的庇护下，把王的意志说成上帝的意志，服从王的意志，就是服从神命，否则便是违抗神命，以此来对人民行使生杀予夺、为所欲为的权利，以进行统治。

商朝的婚姻制度名义上是一夫一妻制，实际上是一夫一妻多妾制。商朝实行一夫一妻制，为的是将财产和王位传给亲子和嫡子。婚姻制度的核心是为了王朝统治，是在礼制和宗法制度下实行的婚姻制度，也维护了当时的社会稳定。

婚姻是以血缘关系而形成的，它是维系社会稳定的形式。商朝的婚姻制度与当时的礼制、宗法制度、户籍制度以及继承制度有着密切的联系。它们共同维持了当时的王权思想，维护了当时的社会形态。

一夫一妻制的产生有深刻的社会历史根源。人类社会大约经历了300万年原始群婚制，在大约5000~6000年前，先后进入了一夫一妻制。首先，社会生产力的发展和私有制的出现使在生产劳动中占据主要地位的男子有了占有和养活妻子的剩余物质产品，同时产生了自身私有财产在当事人死后的继承问题。

商代已有了嫡庶之别。嫡妻死后，再娶继室。这种以嫡妻为法定配偶的一夫一妻制在汤建商前已开始。嫡庶制的建立，为避免宗法上的继承混乱奠定了基础。尤其商后期实行父死子继之子，此"子"须为正妻之子，也就是王的法定配偶之子，庶子是无权继承的。如帝乙的长子是微子启，但因为启的生母地位卑贱，启不能继承王位。纣虽为少子，但因其生母是帝乙的正妻，便理所当然地继承了父的王位。王室这种嫡庶有别，嫡贵庶卑的制度也同样适用于各级奴隶主。

一夫一妻制的目的在于维护宗法的秩序与纯洁，实际上，商王及奴隶主贵族在日常生活中并不受一夫一妻制的限制，在正妻之外，他们往往大量蓄妾。从武丁时的甲骨卜辞中可以统计出武丁的庶妻有 64 人之多，如妇好、妇喜等。

商朝的婚姻制度是商朝的统治者维护自己利益的体现，是王权的体现。从史籍和甲骨文资料来看，在商代三十一个帝王中，绝大部分一人一个配偶。所谓配偶，是指正妻，即"后"，其他嫔妃娣妾均非法律意义上的配偶，地位也低于"后"。在商朝，还盛行以姊妹随嫁的媵嫁制度。这种一夫一妻多妾制是对于男子而言的，对妇女则严格实行一嫁而终。由此可见，这种婚姻制度是男女不平等的一种表现形式，是王权维护的标尺。不过，我们也应该看到，它在当时的积极意义，同时也影响着后来的朝代关于婚姻制度的制定。比如周朝关于婚姻制度的制定也继承了商朝的很多规定。在当时的历史条件和自然环境下，这种制度对于整个社会稳定的维系，对于社会制度和经济的发展是有意义的。婚姻制度是和当时的其他司法制度紧密地联系在一起的，共同维系着当时的社会意识形态，从而推动人类能够不断地向前发展。

而商人的婚礼形式，可以根据礼仪制度和礼器文化的演变加以推想。

就直观出土的礼器而言，商朝和西周就有一个极大的不同，那就是商朝的礼仪青铜器以酒器为主，而西周的礼仪青铜器以食器为主。说得再明白点，周礼建立之后婚礼中的仪式就是一个小型祭祀。周制婚礼是围绕吃文化展开的，而商朝的祭祀礼仪文化是围绕酒文化展开的。商人好饮也是多有史料记载的。进入西周以后，青铜食器的地位在君主礼器中更加突出。

　　商人热衷占卜，崇尚鬼神。从商人所用的礼器，我们知道侍奉神明用酒为主，我们就可以大胆地展开联想。商朝的婚礼形式应该是这样的：

　　在黄昏的庭院里，燃着熊熊的篝火。新郎和新娘静候在篝火旁，等待巫师占卜的结果。随着火中龟甲的炸裂声，昏礼能否继续进行也到了关键的时刻。

　　巫师默默地把头转向新郎，告诉他占卜的结果——他可以迎娶身边的爱人，并带她告拜鬼神。新郎怀着万分的感激之情谢过巫师，带领爱人走向庭院尽头的茅草大屋，那座侍奉鬼神的庙宇。神庙中，新郎在侍从的协助下，将过滤酒的粗布巾挂在酒器斝（jiǎ）的两个铜钮上，然后将浑浊的米酒倒在粗布巾上，过滤后的酒液清澈了许多。他用铜勺舀起一勺酒倒入旁边的酒爵中，之后又将酒爵供奉到神位前，与爱人虔诚地跪拜神明。之后神庙中的巫师为新郎和新娘各自倒满一爵酒，两人相对将酒一饮而尽。依据巫师引导的仪程进行，最后再次行礼告谢神明。然后在随从的陪同下返回自己的住所。

趣味篇番外二：在里耶办秦婚

里耶古城遗址

前面多次提到了有别于中原，特立独行的秦国服饰文化。其实仅就婚礼而言，不同的何止衣服，涉及方方面面。得益于湖北云梦睡虎地和湖南湘西里耶两地先后出土的丰富的秦代简牍资料，我们得以一窥秦人与众不同的社会制度和文化特质。我们就一起去里耶的迁陵古城看看秦人的婚礼文化吧！

我们都知道了古代的基本婚姻礼俗制度始于周礼，很长一段时间是礼仪制度和法律制度混用的。这是因为从国家层面，周礼的建立本身就是作为当时的治国之本，以礼治国是指导思想。所以具体在婚姻制度上用条条框框的礼仪制度保障了婚姻的严肃性。

一个男人不敢出轨的年代

在湖北省云梦县睡虎地秦墓出土的秦简，提到了一些有关婚姻法方面的新资料，虽然不是很多，但其中一部分是文献类史料中未曾有过的。秦朝已经有了完善的婚姻制度。从资料中我们可以看出，秦国很注重婚姻方面的法制，在法律中，对婚姻的成立条件、婚姻的形式，以及夫妻双方的权利和义务、婚姻的解除都做了比较具体的规定。

结婚必须到官府登记，经官府登记的婚姻受法律保护

秦律首先对成婚年龄做了规定。秦时男子成年的标准是身高六尺五寸，这时要举行冠礼，"冠"以后就可以结婚了。女子成年的标准是身高六尺二寸，女子成人"许嫁"。这秦人的年龄标准居然不是周礼里面的年岁，而是——身高！？这个规定看似不合理，但想一想，战国时期社会动荡，人口迁徙频繁，看身高的办法倒是简单实用。这也仅仅是一般的规定，在执行上并不严格，秦简中就有女子"小未盈六尺"而"为人妻"的事例。

其次结婚要经官府登记。出土的秦简中明确规定，到官府登记了，婚姻才算数儿。秦朝还编了《法律答问》教育百姓，问："女子甲许给人家当媳妇，自己跑了，被捉回来，或者自首，岁数不大，身高不足六尺，应不应该治罪？"答："婚姻曾经官府登记认可，应治罪；未经官府登记认可，不应治罪。"

妻子处于夫权统治之下，夫妻间要相互忠诚

秦朝婚姻制度与大多数朝代相同，大环境男尊女卑，妻子处于夫权统治之下。女子结婚后有到丈夫家生活的义务。丈夫是一家之主，妻子处于附属地位。例如，丈夫犯罪被处以流刑，妻子必须随丈夫到流放地共同生活。结婚后的家庭财产，包括妻子陪嫁的财产在内，均由丈夫支配。但有一个例外，在"夫有罪，妻先告"的条件下，妻子不受牵连，自己的嫁妆私产不被没收。

但秦朝的法律也保护妻子的人身不受丈夫侵犯，丈夫殴打妻子属于违法行为。《法律答问》中说："妻凶悍，其夫加以责打，撕裂了她的耳朵，或折断了四肢等，其夫应如何论处？应处以耐刑。"耐刑就是刮胡子。这在那个时代是一种侮辱刑罚，效力也是很可观的。

秦朝的法律规定，夫妻间要相互忠诚，男女通奸，双方都被认为是犯罪。《会稽刻石》中记载秦始皇曾说："夫为寄豭，杀之无罪，男秉义程"。其中"杀之无罪"，林剑鸣先生认为是任何人都有的权办，而张晋藩先生却认为只有当妻子才有这种专杀之权。这也是警示男人也要懂得对婚姻的忠诚。虽然有观点认为这只是秦始皇自己一家之言，不能完全作为法律规定的凭证。但说话的是秦始皇，安排刻字的是秦代"首席大法官"兼"立法委"总负责李斯，可以考虑一下这段记载的权威性。

解除婚姻，也必须经官府登记认可

秦朝解除婚姻，必须经官府登记认可，否则，将构成"弃妻不书"罪，男女双方均要处罚。夫或妻一方死亡，婚姻就在事实上解除，生存的一方应有权再婚。但是，这种再婚权，仅仅适用于生存者是男子一方的情况下，并不完全适用于生存者是女子一方的情况。因为，在出土有关婚姻法律条文的秦简上可查秦律禁止妇人"弃子而嫁"，有儿子的妇女必须与死去的丈夫在法律上继续保持夫妻关系，剥夺了她们再婚的权利。

需要说明的是，秦朝以法律规定的从一而终与后来理学提倡的守节出

迁陵县衙复原模型

发点有本质的不同，秦人可以说是思想十分务实功利的。秦之所以限制寡妇再嫁，主要是担心夫家的财产因寡妇再嫁后流失影响国家税收。秦始皇曾褒奖巴蜀寡妇清，但没有提到任何有关守贞之类的内容。而是对她善于经营，为国家创造财富的行为给予赞许。

秦朝法律保护丈夫有弃妻的权利，即丈夫有片面离婚的权利，而妻子却不享有这种权利。至于弃妻的条件是否是"七去之条"，出土的秦简没有反映。

秦律虽然也维护男尊女卑和夫权，但对夫权还是有所限制的，对妻子人身权利的保护也和汉以后的历代王朝不同。这里既没有"夫为妻纲"的影响，也没有女子"三从四德"的痕迹，这就是秦朝婚姻法律制度最大的特色。

在里耶办秦婚

讲了很多秦代有关婚姻制度的内容，但在战乱的时代，在简单务实的秦人那里婚礼是什么样的？也

迁陵县衙建筑复原模型

许并没有太多的浪漫可言，而只有简单与务实。面对里耶秦迁陵古城，笔者想象着一场秦式婚礼。

一名公士（秦汉时期二十等爵中的最低一级），与倾慕已久的年轻姑娘情投意合，两人一起前往迁陵县衙。

县里的法律令史端坐官署大堂之上，正在忙碌地处理各种事物。公士上前施礼表明来意，请求令史为他们办理婚姻登记。同时递上了写有自己及姑娘信息的两条木牍。

令史抬头严肃地各自看了看二人，又检查了他们的户口信息，高声宣布："依秦律，凡有婚姻者，需于官府登记，男方身高需满六尺五寸，女方身高需满六尺二寸方为合法。今尔等尊秦律，合法度，准双方婚配。"

听到准予结婚的消息，公士和心爱的姑娘欢喜地谢过令史，转身离开了县衙。

夕阳已经西下，家中已经是炊烟袅袅，家人正在草房中准备他们到家后要举行的昏礼仪式。公士和喜爱的姑娘回到家中又感受一番昏礼仪式的安详与平静。虽然他们后来的经历没有人知道，但是他们结婚登记的信息却保留了下来。

秦末帝国倾覆的战火最终蔓延到了偏僻的迁陵古城，之前为公士和爱人办理登记的令史正在尽职地完成他最后的工作——将官府档案全部销毁。面对将要破城而入的反秦大军，已经来不及焚烧档案的令史和县丞等官府官吏将剩余的全部官府档案丢进了县衙的一口水井。无数简牍档案就此湮没于历史。

经历了若干岁月后，这些简牍穿越时空重见天日，带给了我们秦朝档案、秦朝的制度，还有一个个虽然不甚绚丽，但却生动的故事。

昏 礼·婚 礼

第二章　**汉官威仪**——汉代风貌婚礼攻略

　　汉朝是对中华民族文化发展起到重要作用的一个朝代。礼乐制度继承了先秦的宝贵遗产。这其中也包括婚礼文化。

　　大家常说汉承秦制，其实就具体而言，汉代服饰多承楚风，与以简单务实风格的秦人大不相同，这和汉高祖刘邦楚人的身份有关。但秦国的法律法规，政府运作制度还是很有先进性的，比如秦的档案制度，结婚的档案资料在今天还能被世人所见。所以萧何进了咸阳城以后第一件事就是查找收集秦的官府档案。因此汉的政府运作制度、法律法规借鉴传习了秦的制度。也是常说的汉承秦制的由来。

实际上汉朝融合了当时中原大地，以及以中原为原点东南西北不同的文化特点，并创造了千秋不灭神话般的汉家文明。我们的文字自汉起开始被称为汉字，我们的语言开始被称为汉语，我们的中医开始被海外诸国称为汉方，我们的礼仪文化开始被称为汉礼，我们的族人开始被称为汉人！

而我们的婚礼，当然是汉婚！但是，本书所讲的汉式婚礼是汉文化样式的婚礼，不仅仅是汉朝的，本章内容谈的才是汉式婚礼体系下的汉风婚礼文化。

长乐未央——流程介绍

关于汉代的婚礼文化，有一本历史文献有着详细的记载，这就是《礼记·昏义》，相对于晦涩难懂的《仪礼》，这本文献是对之前婚礼内容的资料规范再整理。我们就从这本书入手看汉代的婚礼。

从《礼记》看汉代的婚礼流程

西汉礼学家戴圣编写的《礼仪·昏义》有关婚礼流程与《仪礼·士昏礼》所记没有太大差别，只是礼记的内容相对更加通俗易懂，其细节操作也更充满不确定性。下面我们来就汉代文献《礼记·昏义》所记流程做相关的寓意解释。

婚礼这件事，是一件结合两个姓氏的好事，对上关系到祭祀宗庙，对下关系到传宗接代，所以君子很重视它。所以，在婚礼的纳采、问名、纳吉、纳征、请期这五个步骤中，每逢男方的使者到来时，女方家长都是在庙里铺设筵席，然后拜迎使者于门外。进入庙门，宾主揖让升阶登堂，在庙堂上听使者传达男方家长的意见。之所以这样做，就是为了表示对婚礼的谨慎和郑重其事。

最后一礼中，父亲亲自向儿子敬酒而命其迎亲，这表示男方处于主导地位。

女方的父母在庙里铺筵设几，然后到庙门外拜迎女婿。女婿执雁进入庙门，女婿和岳父相互揖让升阶登堂，女婿行再拜稽首之礼，把雁放在地上，这表示是从新娘父母手里领回了新妇。

妻子跟随丈夫下堂出门。丈夫亲自驾驶妻子所乘坐的车辆，登车后挽起驾车的绳索，这都是向妻子表示爱意的举动。

妻子到达家门后，丈夫向妻子作揖，请她一同进门。进入丈夫的寝室后，与丈夫共食同一个案板上的牲肉，又各执一瓢酒互饮，这表示夫妇一体，不分尊卑，希望他们相亲相爱。

第二天，妻子早早起床，洗头洗澡，准备拜见舅姑。天大亮时，赞礼的人将妻子引见给舅姑。妻子手捧容器，内盛枣子、栗子和肉干，以此作为觐见之礼。执礼的人代表舅姑向妻子赐以甜酒。妻子先以肉脯祭先人，又以甜酒祭先人。行过以上的礼节，就表示作为媳妇的礼完成了。舅姑进入室内，妻子以一只煮熟的小猪侍奉舅姑进食，这是表示妻子开始履行孝养的职责。

舅姑共同用"一献之礼"慰劳妻子，而妻子应把舅姑递过的酒放下不再饮。舅姑先从西阶下堂，然后妇从东阶下堂，这表示新妇已有资格代姑主持家中内务了。

婚礼是人生中重要的礼仪，也是各种礼的根本。夫妇通过郑重的婚礼仪式后结两姓之好，而后夫妇相亲相爱，繁衍子嗣，传宗接代，振兴家业，进而为国家兴旺创造条件。

用实际的策划看看今天如何做一场汉风婚礼

宣礼开场

《礼记》有云：婚姻合两姓之好，上以事宗庙，下以继后世。婚姻是两个姓氏、两个家族愿意通过子女的结合，成就姻亲。对上，可以用神圣的婚礼仪式告慰自己的祖先；对下，代表着彼此后代的延续，血脉传承。

新人入场

新婚，新妇佳偶同心共结百年之好，四方宾朋观礼同贺。吉时已至，仪程开始！新人入场！新人廊前相会，即将入宗庙成礼！高声起乐迎新人入礼！

（新人走出，汇合以后，让新人继续进行）

请佳偶移步入场！笑迎佳客莲步移，青空漫落飞花雨，齐声满座宾朋贺，伴得吉言随行去。

沃盥入席

新婿揖请新妇入席成礼！新婿会三次揖请新妇入席，新妇亦会三次还礼，相敬如宾，举案齐眉，此乃华夏礼仪传统的真实写照。

（新人到达舞台，等侍女伴郎伴娘都到位后继续）

请侍者为新人引水沃盥，沃盥是为新人洗去一路风尘，以备之后大礼！（新人坐好以后继续让侍女倒水沃盥）

同牢合卺

请新人行祭礼！请侍者为新人备酒！请新人将酒醑洒而祭。进授玄酒，告之天地！（侍者将水器归位后继续）

请侍者为新人准备正礼餐食，行同牢之礼。（安排侍者端鼎但不要上）

请为新人呈肉食！在华夏传统中，崇尚节俭，饮食清淡。所以肉食珍贵，王侯将相无故尚不烹食牲畜牛羊。只有节庆大礼，方可家人同享。新婚新妇同品美味，当是贺此刻吉庆大礼！（安排侍者端鼎上肉食）

　　请为新人呈粟米！江山社稷，粟米足，天下安。社稷之重原本就是指祭祀及国之根本粮食，婚礼中佳偶共食粟米，自然是寓意新人互敬共食，以示今后衣食丰足，康健多福。（等到侍者站好，端好豆，新人放下筷子继续此环节）

　　佳偶餐毕，同牢毕！请侍者为新人上合卺酒！新人共饮合卺酒！

　　后世婚礼的交杯酒在古时被称为合卺酒！以两半葫芦做杯，取义两杯互饮，象征夫妻二人经此合为一家。新人各自饮下一半，而后交换再饮，又取意夫妻二人由此同甘共苦。（等待侍者将豆盖摆好后继续此环节）

　　交杯互饮，甘甜浸苦，自此两人同甘共苦。嘉宴共结同牢亲，淡眸含笑合匏饮！

解缨礼

合卺毕！请新人起身！同牢合卺今成眷属！

大家不知是否留心新妇头上的一缕红缨，沧桑情缘，此物依旧，当年新婿送给新妇，新妇佩带头上以示心有所依。今日解下，再与新妇以此表示自此担起佑护佳人之责。（看到新人起身站好后安排此环节）

互换信物（此环节为当代设计，古礼没有此内容）

同牢合卺，互敬互勉，新人可互赠薄礼，为今日永以为念。请新人互换信物！

新婿为新妇插上一支头钗，自此佳人妆容有伴，可以常为悦己者容了！

佳人送与英郎的礼物是一方佩玉，君子玉不离身，新婿永远是新妇心中的仁人君子！

红缨一缕，系心念佳人铁骨柔肠！金钗美玉，贺佳人同心百年好合！

（新人互换信物，注意看到侍女拿好信物后继续此环节）

闭目执手（当代设计环节，古礼没有此内容）

在华夏传统中，有情人若得牵手就意味着已有伉俪之名。请新人相视而立，闭目执手。此刻新人心中必是万千感言，千言万语汇做一句：执子之手，与子偕老，风雨同归，愿结百年！

礼成离场

恭喜新婿新妇！今日汉风婚典礼成！请新人及侍者礼谢众宾！祝新人鸾凤和鸣、枝兰永茂。一对伉俪共结百年，英郎佳人执手相牵！新人礼成离场！

缋彩嫁衣——汉风婚礼礼服

汉代婚服一个最为典型的特点是，礼服由衣裳制，逐渐演变为深衣制，形成了汉代特有的礼服体系。同时，秦地西北的服饰款式也有一定保留。可以说是以深衣为主，其他服饰款式共存的局面。深衣制也就是衣裳连裁，上下一体，男女礼服各有特色。男子礼服以袍服为主，女子礼服则传承了战国时期的楚风，大量使用了曲裾。下面我们就详解一下婚服的样式推想。

别有风韵的曲裾

在很多人印象里，曲裾多是作为女子的礼服。所以在今天的汉式婚礼操作中，曲裾成为汉礼服文化的一个标志，但今天的汉式婚礼中的曲裾多是现代设计的曲裾形制，与历史文物资料有一定的区别。

据《礼记》记载，深衣一大特点是"续衽钩边"，也就是说"这种服式的共同特点是都有一幅向后交掩的曲裾。"曲裾深衣后片衣襟接长，加长后的衣襟形成三角，经过背后再绕至前襟，然后腰部用腰带固定。

曲裾深衣在东周至汉代较为流行。开始的时候男女深衣均用曲裾。男子曲裾的下摆比较宽大，便于行走；而女子的则稍显紧窄。很多女子曲裾下摆都呈现出"喇叭花"的样式：通身紧窄，长可曳地，行不露足。袖有宽有窄，袖口大多镶边。衣领部分很有特色，通常用交领，领口很低，内衣领高于外衣领。不管穿几件衣服，每层领子必露于外，一般为三层，文献称为"三重衣"。通过出土的战国、汉代俑人及帛画、壁画可以证实文献中所记载的内容，出土的马王堆帛画中也有细致的描绘。每人所穿的服装，尽管质地、颜色不一，但基本样式相同，都是宽袖紧身的绕襟曲裾。衣服几经转折，绕至臀部，然后用绸带系束。老妇穿的服装，还绘有精美华丽的纹样，具有浓郁的西汉风貌。在衣服的领、袖及襟边都缝有相同质料制成的衣边，与同墓出土的服装实物曲裾锦袍基本一致。

随着服装技术发展，男子曲裾越来越少，曲裾作为女子衣装保留的时间相对长一些。

男女通用的袍服

袍服在先秦时期就已经出现，那个时期的袍服，只是一种纳有絮棉的内衣。《释名·释衣服》记载："袍，苞也。苞，内衣也。"秦国建立后有载秦始皇制："三品以上绿袍深衣，庶人白袍，皆以绢为之。"

东汉以后，逐渐以袍服作为外衣。《后汉书·舆服志》记载："乘舆所常服，服衣，深衣制，有袍，随五时色。……今下至贱更小史，皆通制袍，单衣，皂缘领袖中衣，为朝服云。"《墨子·公孟篇》中所记"缝衣博袍"就是汉代的一种宽大的外袍。在山东清孝堂山下出土的东汉画像石上就可以看见这种袍的形式。

在汉代，袍服是男女都可穿着的服饰形式，特别是妇女，一般多在衣领、衣袖、衣襟及衣裾等部位缀上装饰性的衣边。花边的色彩及纹样较衣服为素，常见的有菱纹、方格纹等。在《释名·释衣服》中记载："妇人以绛作衣裳，上下连，四起施缘，亦曰袍。"

　　袍服由内衣变为外衣后，制作日益考究，装饰也日臻精美。尤其是当时的女性，往往在袍上施以重彩，绣上各种各样的花纹。在隆重的婚嫁时刻，也穿这种服装。比如在《后汉书·舆服志》中记载："公主、贵人、妃以上，嫁娶得服锦绮罗縠缯，采十二色重缘袍。"一般妇女婚嫁时也穿袍服，只是在袍的颜色及装饰上有所不同，以示区别。

　　由以上两种服饰的介绍我们可以看出，汉代的婚服实际上经历了曲裾到袍服的一个转化过程。无论是衣裳礼服、曲裾礼服，或者是袍服礼服，为当今的汉风婚礼婚服的设计提供了更多可能，我们也有了更为多样的选择。

今天设计的汉风婚礼礼服，采用服制比较早期的衣裳形制，图中服饰出自著名民族服装品牌"璞兰芳"

玉堂金马——器物介绍

如果说西周礼乐的庄重大气是凝固在青铜礼器上的，那汉代贵族礼乐生活的奢华则是表现在漆器上的。两周时期的青铜器还在使用，只不过已经脱离了礼器的范畴，作为金属铸造器物工艺的巅峰技术，广泛用于各种灯具和生活用品上。

奢华的两汉漆器

漆器是中国古代特有的一项工艺制品，早在春秋战国的南方地区就已十分流行，尤其是楚国建立后，对漆器的生产更是十分重视。刘邦建立西汉政权后，继承了楚国留下的丰厚文化遗产，其中重要的一部分，就是漆器工艺。

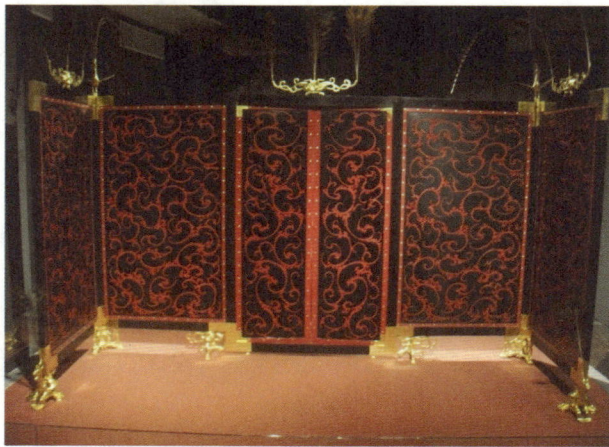

广州南越王墓出土的漆器屏风，做工精美，体积庞大，堪称漆器中的绝品。

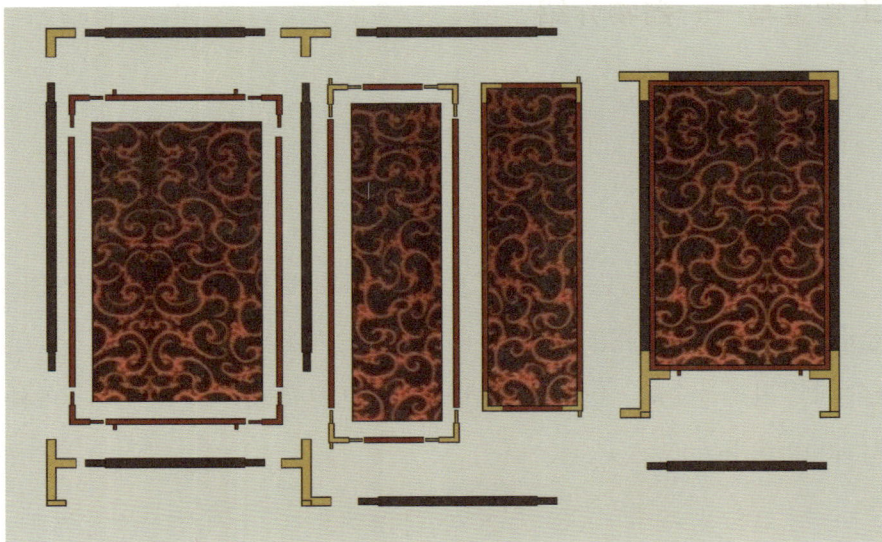

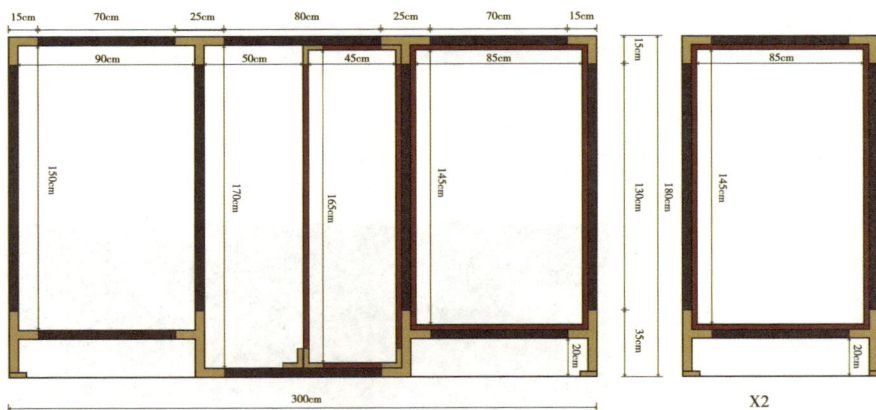

仿广州南越王墓出土的漆器屏风实际策划尺寸，供有需要的朋友参考制作道具之用

汉代漆器的造型比战国时期楚国的同类品更丰富，从实用出发，如漆奁、漆盘、漆案考虑使用的方便，放置的容积以及图案纹样趋于统一，装饰花纹抽象化，使人见到的是线的动感。汉代漆器是实用和美观结合的工

艺品典范。

汉代宫廷多用漆器为饮食器皿。出土的有些漆器上刻有"大官""汤官"等字样，系主管皇家膳食的官署所藏之器；有"上林"字样的，则是上林苑宫观所用之物。据新莽时期的漆盘铭文，当时长乐宫中所用漆器，仅漆盘一种，即达数千件之多。贵族官僚家中亦崇尚使用漆器，往往在器上书写其封爵或姓氏，如"长沙王后家般（盘）""王氏牢"等，作为标记，以示珍重。作为饮食器皿，漆器比青铜器更具优越性，故为汉代统治阶级所爱好，制作极精细。

漆器在各地汉墓中多有出土，一般已腐朽，也有保存较好的。保存较好的现有湖南省长沙马王堆、湖北省江陵凤凰山和云梦大坟头等地汉墓出土的漆器，而且数量大，种类多。

长沙马王堆一号汉墓出土的漆器——漆耳杯套盒

马王堆出土的化妆品套装

轻巧方便华丽的漆器在秦汉贵族豪门生活用具中占着重要的地位，它进一步取代了青铜器，使用范围扩大，统治阶级为了满足生活上的享受，对漆器工艺不惜财力人力，把它装饰得更为华贵。

下面我们对漆器制作工艺做简单的介绍。

胎质及制法——漆器主要有木胎和夹胎两种。也有少数为竹胎。木胎的制法有轮旋、割削和剜凿、卷制3种，不同器形分别采用不同的方法。夹胎是先用木头或泥土制成器型，作为内模，然后用多层麻布或缯帛附于内模上，逐层涂漆，干实以后，去掉内模，便剩下麻布或缯帛的夹胎，这便是所谓"脱胎法"。

花纹和装饰——漆器上施花纹，有下列几种方法。

漆绘：用生漆制成半透明的漆液，加上各种颜料描绘于已经涂漆的器物上，色泽光亮，不易脱落，大多数漆器的花纹都用此法绘描。

油彩：用油汁（可能是桐油）调颜料，绘描于已涂漆的器物上，所绘花纹因油脂年久老化，易于脱落。

针刻：用针尖在已经涂漆的器物上刺刻花纹，称为"锥画"；有的器物在刺刻出来的线缝内填入金彩，产生了类似铜器上金银错的花纹效果。

金银箔贴：用金箔或银箔制成各种图纹，贴在器物的漆面上，呈现了类似"金银平脱"的效果。纹样的特点是细致而流利。

堆漆装饰法：长沙发现的西汉大墓漆棺上的花纹都是用浓稠的厚颜料

堆起，玉璧上的涡纹和花纹上的边线都是用特制的工具将厚颜料挤出作为钩边线和涡纹，高出一层显出浮雕效果，"识纹隐起"系堆漆技法之一。这是前所未有的重大发现。在两千年前就创造出这种堆漆的表现技法，说明汉代的漆艺已极精妙。

西汉中期以后，流行在盘、樽、盒、奁等器物的口沿上镶镀金或镀银的铜箍，在杯的双耳上镶镀金的铜壳，这便是所谓"银口黄耳"或"器"。有些漆器如樽、奁和盒的盖上常附有镀金的铜饰，有时还镶嵌水晶或玻璃珠。

汉代漆器的纹样以流云纹、旋涡纹、变形蟠螭纹、菱格纹和飞禽走兽辟邪为主，色彩多为红黑二色相间，或用朱、青，或用朱、金彩绘，色相饱和、稳重大方。人物画多为孝子故事和神仙羽人，都是当时的主要题材。有的描绘神仙或飞廉，并配以鸟兽在流云中奔驰之状，线条流动，有如行云驾雾遨游太空。这类题材与汉代墓室，享堂的画像石、壁画、画像砖之类的题材大致相似。它同样是一种神仙升天思想的反映。西汉前期的漆器，花纹富丽而繁复；东汉的漆器，花纹比较简素。从西汉中期到东汉，少数漆器的花纹是神仙、孝子及其他以人物为主的故事画。

汉之后漆器工业开始走向微衰，漆器质量有所下降，其原因就在于瓷器的兴起，迅速受到人们的关注。

古人科技与艺术的完美结合——汉代铜灯

灯具是人类掌握火以后的一项重要的发明。中国使用灯具的历史十分悠久，油灯作为传统的生活用具，经历了几千年演变的历史。最初，灯是从食器中的豆转化而来的。直到汉代，灯的基本形制仍与豆差别不大，成为最常见的灯型。

除了豆，还有根据其他生活器皿发明的各种造型灯具。如 1974 年，在甘肃省平凉市庙庄遗址出土的一件战国"鼎形铜灯"：鼎身用来储油，灯盘即鼎盖。由于盖封很好，两千多年后出土时，鼎内尚存泥状灯油。

鼎形铜灯

战国出现的连枝灯，到了汉代极为盛行，河北平山境内中山国王墓中出土的一盏铜灯，形似一棵树。

连枝灯

铜灯的推广和使用让夜晚变得从未有过的明亮，但长时间燃灯会导致房间空气质量下降。于是，人们开始制作可以减少烟雾的铜灯——到秦汉时，这种"环保灯"已开始使用了。大名鼎鼎的海昏侯墓里出土的一对雁鱼灯，正是这样的一种环保灯。

像海昏侯这样的雁鱼灯，之前已出土了好几件。如 1985 年，在山西省朔县城西照十八庄一号墓就曾出土过一件相同造型的雁鱼灯——这是件彩绘鸿雁衔鱼铜灯，高 52.6 厘米，长 34.6 厘米，宽 17.8 厘米。灯的所有部件都由青铜铸成，雁额顶有冠，两眼圆睁，颈长体肥，雁喙大张，回首衔鱼一条。灯座设在雁身之上，一侧有柄，灯罩由二块弧形屏板合成，上部插入鱼腹，下部插入灯盘圈壁沿中，可左右开合，转动灯盘即能调节灯光，鱼身为灯罩，而雁首和雁颈中空与雁身相通，为灯的导烟管，雁腹内盛水，灯炱由鱼腹经雁颈烟管溶入雁腹水中。雁首颈（连鱼）、雁体、灯盘、灯罩各部分可以拆卸，方便清洗和携带。

雁鱼灯是汉代贵族最喜欢的灯具之一，这种座灯为什么要做成雁衔鱼状？这就是浪漫的爱情故事了，也和我们一直学习了解的婚礼文化息息相关。

雁是中国古人眼里的瑞禽，也是一种信鸟——守信之鸟，季节性迁徙鸟类，冬雁南飞夏北征，每年不差。所以，先秦时古人很喜欢这种鸟，还爱用雁作为订婚聘礼，此即《仪礼·士昏礼》所谓："昏礼，下达纳采，用雁。"平时朋友

雁鱼灯

间也会雁来送礼，《仪礼·士相见礼》即称："下大夫相见以雁，饰以布，维之加索，如执雉。"所以，古人制作这种"好鸟"造型的灯具，便很自然了。

其实，古人钟情雁鱼灯有更深含义，取意"鸿雁衔书，鱼传尺素"的典故，是男女情爱的象征，是情爱之物。在夫妻房间内点上这种灯，不只环保，还有浓浓的情调。可以说，雁鱼灯，

雁足灯

是一款夫妻灯或情人灯，有条件的新婚贵族男女房间是少不了这种雁鱼灯的。除了雁鱼灯，考古中还出土了雁足灯（台），设计时也出于同样的意境。

而雁鱼灯最受现代人称道的，还有其环保功能。点燃时，烟雾通过鱼和雁颈导入雁体内，将烟尘吸入雁的肚里，让水溶解，净化空气，防止油烟对室内空气的污染。因此，这也说明中国古代人就有环境保护意识。

除了雁鱼造型，铜灯还做成人俑或其他动物。结构造型可谓异曲同工。1968 年在河北省满城中山靖王刘胜妻窦绾墓中出土的一件"长信宫灯"，也是与雁鱼灯一样的"环保灯"，便是侍女造型。

与长信宫灯一起出土的，还有一只三足鼎形带罩单管钉灯，现藏河北省博物馆。秉承实用主义，造型简单实用，不加修饰。

在扬州邗江西汉江都王墓里，还出土一件双管钉灯。古代节能灯都是燃油的，点燃时

三足鼎形带罩单管钉灯

间过长，钉灯烟管内废气充溢，空气对流就受到影响，相比于单烟管，双烟管灯的功能更具完善。

目前，国内出土的古代最高级、用料最讲究的环保灯，是扬州出土的一件东汉错银铜牛灯，此灯为南京博物院镇馆之宝。

而汉代牛型环保灯出土也不只一件，如1975 年江苏睢宁刘楼曾出土一件"东汉云纹铜

双管钉灯

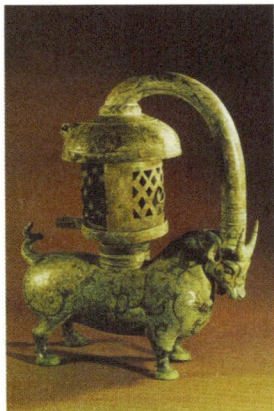
错银铜牛灯

云纹铜牛灯

刺庙牛灯

牛灯"，钉管巧妙地与牛角设计为一体。1949 年湖南长沙桂花园出土一件"刺庙牛灯"，灯体似如一水牛，双耳下垂，体肥腿短。

中国古代的"灯具革命"是在铜灯发明以后，古人的用灯环保、节能意识也是伴随而生的。从战国一直持续到秦汉时期，铜灯是古代上层人家使用的高级灯具，在贵族中很流行。早期铜灯讲究造型，多以生活器皿和人俑、动植物为原形。上文提到的"长信宫灯"是其中的精品！

"长信宫灯"造型为一名宫女跽坐执灯，着内衣，外罩交领右衽宽袖长袍，衣袍紧身、曳地、宽袖、交领，此为汉代典型的曲裾深衣，马王堆汉墓出土有相关实物，今天的汉服礼服也有参照设计的款式。宫女面容长眉细眼，鼻正嘴小，梳髻覆簂。《释名·释首饰》云："簂，恢也，恢廓覆发上也。"此簂亦即所谓的巾帼。这个造型也给汉式婚礼的实际操作提供

长信宫灯

了一些借鉴，即如何简单统一地解决侍女执礼者的发型问题。可以设计一款汉风浓郁的头巾作为头饰。

长信宫灯整座灯由青铜分体铸造，铸成之后通体鎏金，鎏金也称火镀金或银镀金，简单说就是用水银与金粉混合，制成金汞齐，然后加热使水银蒸发，黄金均匀薄薄的附着器物表面。此工艺到汉代时已很成熟、精湛。虽然灯上的金箔多有剥落，然而两千多年后在灯光照射下，整个灯依旧金光闪闪，华贵非常，堪称典范。

长信宫灯灯身上刻有铭文9处，共65字。上部灯座底部周边刻"长信尚浴，容一升少半升，重六斤百八十九，今内者卧"。有人据此以为这是浴室灯，婚礼中不适合使用，这个理由真的很牵强，但禁忌还是有的，后文会说到。

灯外侧刻"阳信家"。下部灯座外侧刻"阳信家，并重二钧十二斤"。灯罩屏板外片一侧刻两行，一行为"阳信家"，另一行为"并重二斤二两"。灯罩屏板内片两侧"阳信家"右侧刻"并二斤二两"。灯盘外侧及宫女右臂外侧分别刻有"阳信家"。宫女右下衣角刻"今内者卧"。

灯上铭文不是一次刻成的。"阳信家"字体工整，而"长信尚浴……今内者卧"则显潦草。通过铭文的内容来分析，此灯所有者几经变化，最后辗转到中山靖王刘胜妻子窦绾的手中。

在9处铭文中，有6处刻有"阳信家"字样，推测它原本属于阳信夷侯刘揭。刘揭的东西又怎么到了宫里？据记载，刘揭受封于汉文帝元年（公元前179年），在位14年后去世，他的儿子刘中意继承王位。汉景帝前元六年（公元前151年），在中央政府与地方封国的连年争斗中，刘中意因参与"七国之乱"被废黜。

整组连枝灯主体使用2cm粗细方管，中心立柱加粗一圈，底座立柱加粗两圈。

95cm

23cm　33cm　33cm

18cm

12cm　12cm　12cm

30cm

加粗两圈

加粗一圈

10cm

30cm

22cm

12cm　12cm　12cm

3cm
7cm

14cm

俯视图

35cm　35cm　35cm　15cm　40cm

160cm

侧视图

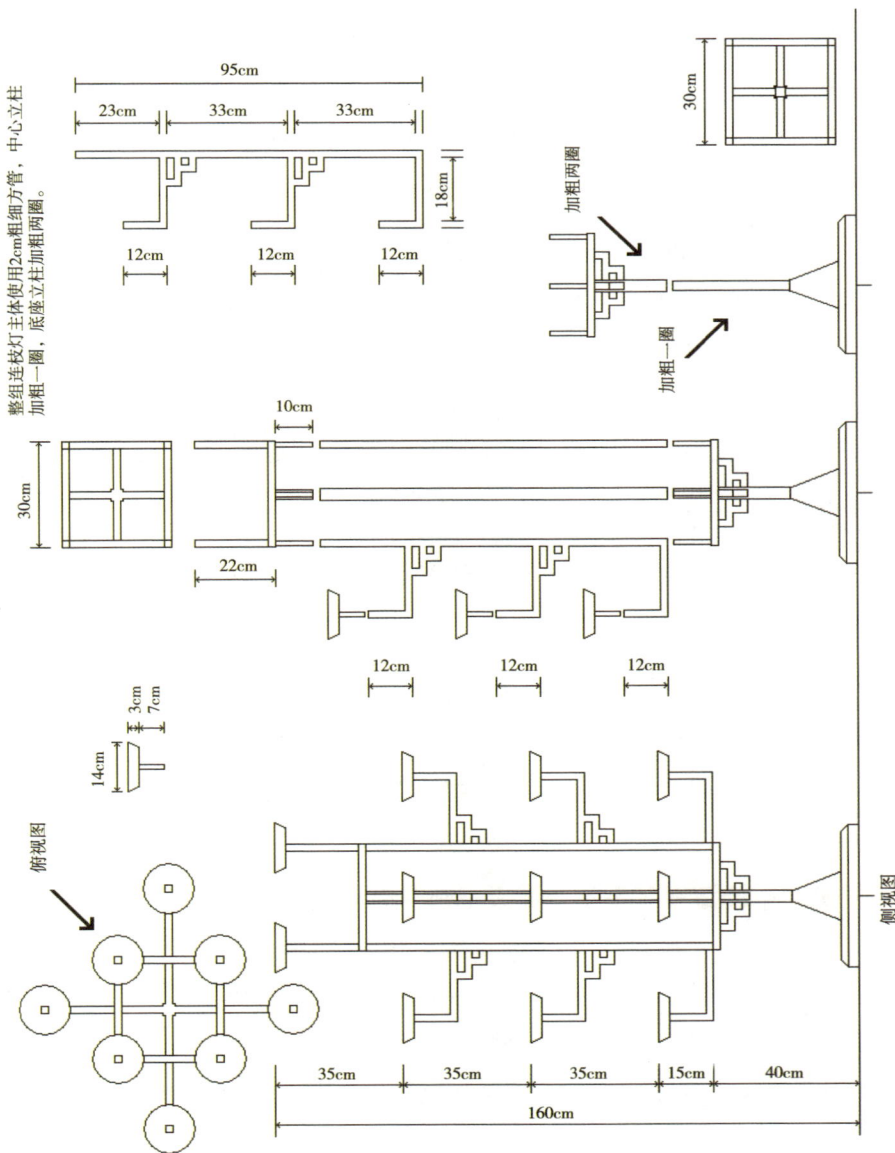

笔者参照文物设计的16连枝灯。可供道具制作参考

据推测，这件灯具可能是刘中意被抄家时没收充公的，后辗转至窦太后居住的长信宫中。窦太后是汉文帝的皇后，景帝时为皇太后。所以，在灯具的另 3 处铭文中出现了"长信"字样，这件灯具也因此而得名。

窦太后是中山靖王刘胜的祖母，而汉代统治者的婚姻多讲究门当户对。由此推测，窦太后可能与窦绾有亲缘关系，而将长信宫灯赐给了中山靖王夫妇。而中山靖王得到这件精美的工艺品后，自然是把最好的留给爱人，如果这样推测成立的话，那长信宫灯里也装满了爱。

正因为"长信宫灯"是难得的精品铜灯，今天的复制品也多是精美的工艺品，很多从事婚礼策划的同行从各种渠道购买采办了相关道具，作为场景布置。但因为不熟悉相关历史以及礼俗禁忌，也闹出了一些笑话。

作为流传到今天的工艺品，只要没有原则性的禁忌，比如就是专门的陪葬品冥器，都是可以使用的。

但主要的问题在于，今天的工艺品有很多是树脂仿石材质，铜人灯变成了石人灯，如果做汉婚还用来当成入场通道宫灯装饰，那可就犯忌讳了。因为中国自古的石人像夹道使用都是作为贵族帝王陵墓的神道装饰，婚礼现场这样使用自然是不恰当的，也有历史文化爱好者戏称这样布置的汉式婚礼现场是"古墓丽影"。

汉式婚礼中的漆案可不是一张桌子那样简单

每次婚礼现场正中央总会有一张桌案，汉式婚礼的核心仪程，同牢合卺也是围绕这张桌子进行。每家用的大不相同，各有各的样式。但礼案不可小看，礼案的选用不简单，并且其伴随礼仪文化的故事十分丰富。

婚礼其实包含祭祀礼，甚至本身与祭祀礼相互关联。在先民的日常生活当中，祭祀活动占有至高无上的地位，把风调雨顺、五谷丰登寄托于上天的佑护。礼器是这一时期最重要的器物，其中也有一部分器物可视为早期的家具，尤其是桌案类器物，起到置物、储存等作用。

河南省固始侯古堆春秋时期一号墓出土漆木俎，俎面呈长方形，中间稍凹，长 25.7 厘米，通高 15 厘米。俎面和两侧均涂黑漆，朱绘斜三角纹和云纹

"俎"，是一种专门用来屠宰牲畜的案子，并把宰杀完的祭品放在上面；俎是古代的一种礼器，为祭祀时切割或陈列牲畜之用具。

楚国九连墩铜禁，呈长方形，器表面镂空蟠虺纹图案，四角上翘，两侧近旁处有四个对称的兽形蹄足

"禁"，是商周时期放酒器的台子，造型浑厚，纹饰多为恐怖的饕餮纹。值得一提的是禁多为镂空台面，可能和相应的礼仪仪式有一定关系，早期礼仪仪式有洒酒、清洗酒具的环节，镂空的台面是否是为了控干礼器？想想看也是很有可能的。

"食案"，战国时期生产力水平大有提高，人们的生存环境也相应地得到改善，与前代相比，家具的制造水平有很大提高。食案开始大量出现在贵族生活中，并延续到两汉。但与大家印象中不同的是，这个时期的食案并不是桌子的样式，特指而是落地放置近似现代酒店餐盘的食器。所谓"举案齐眉"，举得肯定是这种小尺寸的食案，而不可能是一整张桌子。

马王堆西汉墓出土食案，漆案的胎骨是利用刨、削、剜、凿的方法制成，这种制作方法称为斫（zhuó）木胎。案上完好地放有五件小漆盘，盘内盛有炭化或腐烂后的牛排等食物及一套竹串，另外，还放了两件饮酒的漆卮和一件漆耳杯，耳杯上放有一双箸。这件漆案是摆在辛追座前的盛放食物的家具

"桌案"，其定义不是官方定义，只是笔者为了便于说明临时就意起的名字，在与低矮食案使用的同时，大家普遍理解意义上的桌案开始出现，用途也远远大于食案。可以用于宴饮，用于看书，用于依靠歇息。

曾侯乙漆案，漆案中的精品之作，两边的案足分别是两只雕刻凤鸟，案面上也雕刻有鸟形纹样，是典型的雕刻加髹漆工艺。说来这种桌案是最适合今天婚礼使用的，因为有足够大的桌面，可以摆放礼器，侧面面向观众方向，也有足够精美的侧面纹样

北京石景山区老山汉墓出土。这张漆案长230厘米，宽50厘米，是汉代目前出土存世最大的一件漆案。其大小似乎远远超过了日常生活饮食需要，应该具有礼仪器具的功能，其造型更适合今天的汉风礼仪场合。漆案腿足为复制品

如今，我们在汉式婚礼中使用漆案、礼桌等多属于桌案一类，但如果你翻阅《士昏礼》等礼仪文献记载，会疑惑家具的实际大小数量和文献不符。这是因为今天大家策划执行的汉式婚礼属于现在的生活习惯体系。而食案才是先秦两汉婚礼中的标准礼器，对应的是

战国漆几，设计精巧，每侧有长短各一条支腿，其中长腿活动，可以用木栓固定在收起或直立位置，短腿固定，使用者可以根据场合灵活调整高度

当时的席地生活方式。而且从目前文物掌握的情况看，我们通常说的桌案替代席地用餐的方式也正是始于汉代。

具体操作即需要大家用心学习很多相关历史文化知识，也要拓宽思路，在道具选用，布景设计，流程策划上结合好历史文化，做出符合今天新人需求的精彩汉婚作品。

图为作者实地操作的汉婚作品中漆案漆榻道具效果

锦绣宫阙——汉风场景打造

　　说到汉式婚礼场景的打造，可以从三个方面考虑，一是汉代的建筑特点，这是场景设计的骨干；二是汉代的家具内景特点，这是场景的填充；三是具体的设计。

汉代建筑的特点

　　汉朝是中国历史上继短暂的秦朝之后出现的朝代，汉朝分为两个时期：东汉、西汉。由于生产力的发展和各地文化的交流，使建筑进入了一个新的时期。首先是开始运用中轴线的手法对宫殿建筑群、礼制建筑群以及院落空间的组合进行布局，这种手法由于可以显示封建帝王至高无上的权势，一直被其后的历代统治者所推崇，直至明清两代以北京城为代表达到巅峰。

　　阙——汉代建筑最突出的特点就是阙，汉代阙广泛运用在宫殿建筑、园林及陵墓建筑中。外观大体分为阙座、阙身与阙檐三部分。阙身依数量有单出、双出与三出（仅天子可用三出），古时"缺"字和"阙"字通用，两阙之间空缺作为道路。阙的用途表示大门，城阙还可以登临瞭望，因此也有把"阙"称为"观"的。有时在两阙之间联以短檐，以强调其出入口的效果。文献中有关阙的记载颇多，汉宫中有关长乐、未央、建章诸宫阙之叙述更是早已为人所尽知。另外在画像砖、画像石、建筑明器中的形象也有不少。未央宫便是代表作。

笔者在实际婚礼操作中参照文物资料设计的门阙装饰及设计实物对比

在实际的婚礼操作中可以用汉阙造型布置婚礼现场的入场通道。

木构楼阁——木构建筑成熟的标志之一，在汉代明器中常有三四层的方形阁楼（如绿釉三层陶望楼），每层有斗拱承托的挑檐，其上置平坐阳台，满足遮阳、避雨和远眺的要求，造型凹凸有致，虚实相生，成为一种特殊建筑风格。

瓦当——是汉代建筑中装饰屋顶房沿处房瓦尽头的建筑构件。可以防止房瓦下粘合房瓦的材料因雨水侵蚀的流失。同时也有很好的装饰作用。汉代瓦当纹饰很讲究整体的造型，通常采用中轴对称结构、螺旋结构、发射结构、自由结构等造型，造型多样，古朴精美。

门阙装饰细节

典型的如"青龙""白虎""朱雀""玄武"四神瓦当，形式自由，堪称代表。四神是古代传说中的四方神，其中青龙能呼风唤雨，象征东方、左方、春天，为四神之首。朱雀是理想中的吉鸟，象征南方、下方、夏天。白虎象征西方、右方、秋天。玄武是龟和蛇的组合变化图案，象征着北方、上方、冬天。四神同时被认为是四种颜色的象征，即蓝（青）、红（朱）、白、黑（玄）。瓦当四神图案都有一个明显的中心，即乳钉，它与雄厚的边栏形成呼应，在体例上给人以庄重的美。围绕瓦当四神图案这个中心，纹样稳定、丰满，富丽充盈，动静相生。在后文中有专文介绍四神瓦当图形在婚礼中的实际运用。

丰富的瓦当纹样为今天的汉风婚礼现场布置提供了海量的素材来源。

汉代典型的家具装饰

汉代家具相对之前的时代，有很多技术上的进步，席地而坐虽是基本的生活方式，但已经在具体家具品类设计上倾向于使用者的舒适实用。具体有以下品类。

床，榻——席地而坐的汉代，床和榻都比较低矮，且由于使用最广，造型也极为丰富。床的种类包括：四足平台床，是汉代最普通的床；带托角牙子平台床，四面都有牙子装饰，是平台床的发展。至于榻，种类更是繁多。有独坐方榻，四腿长方榻，有帐饰的独坐榻，单扇，双扇屏风独坐榻，带花牙子连坐榻。

案——汉代的案，式样很多，用途也很广泛，有进食用的食案，也有读书用的书案，以及放置用品的案。食案中有方有圆，腿子也有高低，形式的不同变化。食案的共同点就是案面大都有拦水线（高出案面的沿），这是为了防止杯盘倒斜，流汁溢出。写字和放置物品的案，大都是平台案，没有拦水线。

屏风——彩绘漆屏风：木胎，长方形，下足有座，屏风两面皆有彩绘。一面是红漆地，以浅绿色油漆彩绘，中心绘一谷纹璧，周围绘几何方连纹，边缘黑漆地，朱绘菱形图案。另一面，黑漆地，用红、绿、灰三色油漆绘云纹和龙纹。龙身绿色，朱绘鳞爪，作飞腾状，边缘朱绘菱形图案。

另外，还有几、柜、席、衣架、胡床也为后世沿用很久。

汉代家具有以下特点：

髹漆——在家具上髹漆是春秋后出现的新工艺，到了西汉非常流行。采取黑地红绘，色彩艳丽，漆质光亮，做工精细，造型别致轻巧，是典型的汉代家具装饰手法。

装饰纹样——装饰花纹多用云气纹，这种纹样变化很多，非常丰富，线条流畅，极为生动。配以艳丽的红与黑和光亮照人的漆质，真可谓精美绝伦。

屏与榻的结合——屏风榻的出现，宣告了屏与榻相结合的新品种问世。汉代屏风榻有单扇和双扇之分，榻上可设帐，榻沿施坠饰，富丽而典雅，很是讲究。

汉式婚礼的场景布置实践

看过了历史资料，来了解一下汉式婚礼的布景搭建，具体应该如何操作吧。本书选取了两个汉式婚礼场景搭建的实际图片案例，一个是比较简易的背景，还有一个比较宏大的场景布置，希望能对读者有所启发。

简易布置——可以结合现在成熟的婚礼布景纱幔的器材，喷绘，操作简便，可以供小型婚礼或新人自己筹备参考。

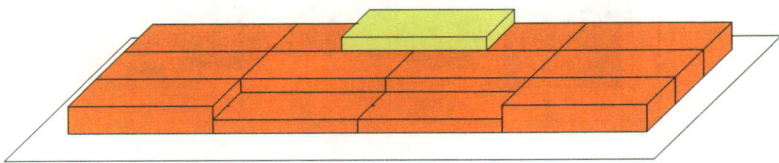

根据酒店舞台情况，在主舞台上增加1米×2米左右的一个小舞台（黄色部分），作为礼台

在舞台后方搭建主背景，使用背景画面，吉祥纹样狩猎图。富余部分用红色纱幔补齐

在舞台左右两侧靠前，用方花亭支架搭建两个侧装饰，注意后侧与礼台齐平或在前沿略靠后一点

在两个方花亭后面装饰屏风喷绘纹样

为两侧方花亭装饰增加红色软包，具体造型可灵活处理

在两个方亭间增加一条宽横梁，如果跨度不足可以增加两个立柱，用红拉纱做吊顶，并进行装饰

综合场景设计布置——案例选取的是一场比较上规模的汉风婚礼场景布置。现场进行了全方位布景设计，就餐与仪式分开，应该说是难得的婚礼仪式完美场地。

布置前的婚礼场地，普通的一个会议厅而已

实际婚礼现场效果

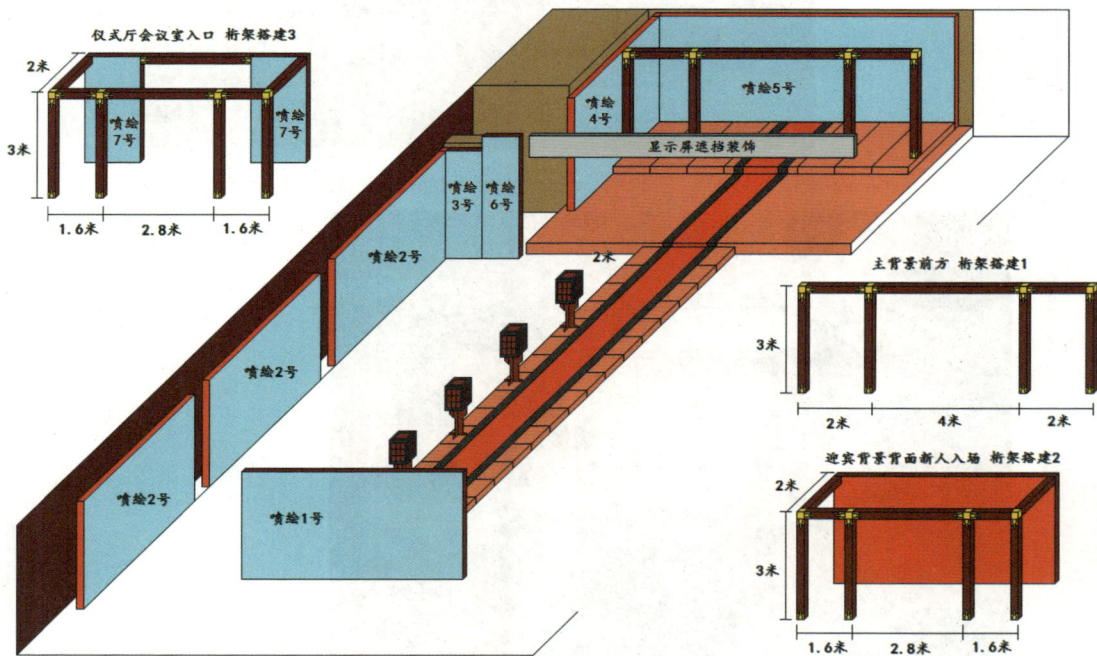

仪式厅会议室入口 桁架搭建3

2米
3米
喷绘7号
喷绘7号
1.6米 2.8米 1.6米

喷绘2号
喷绘2号
喷绘2号
喷绘3号
喷绘6号
喷绘1号
喷绘4号
喷绘5号
显示屏遮挡装饰
2米

主背景前方 桁架搭建1
3米
2米 4米 2米

迎宾背景背面新人入场 桁架搭建2
2米
3米
1.6米 2.8米 1.6米

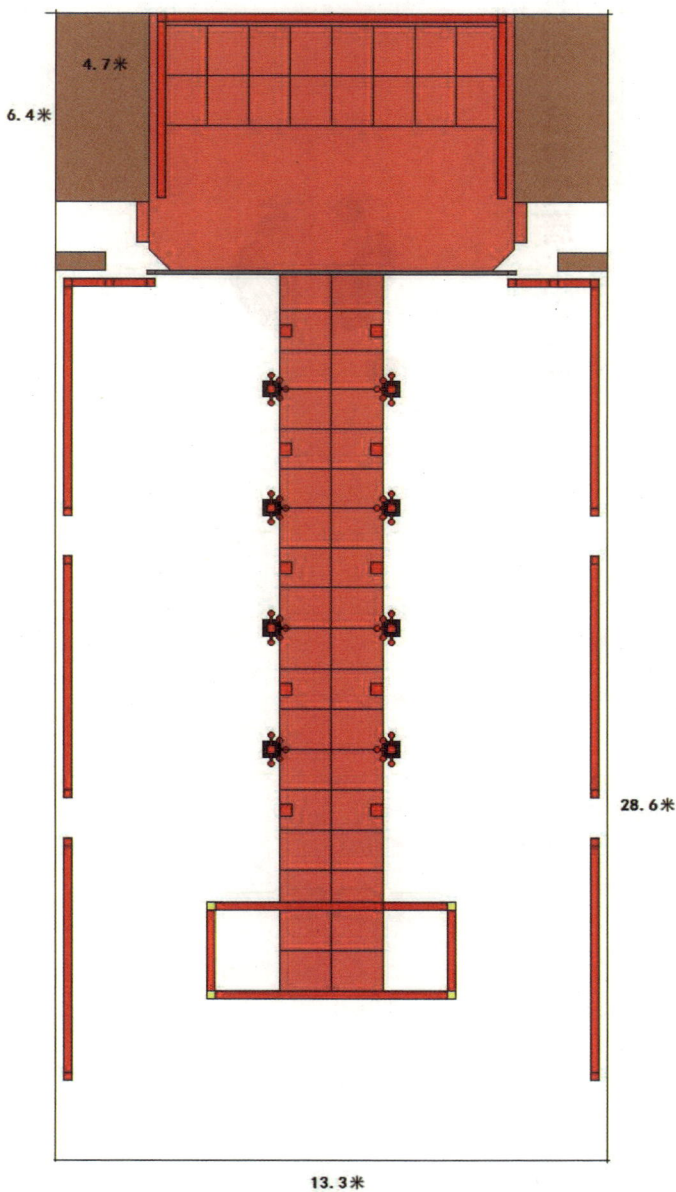

策划过程中的部分设计文稿

第三章

盛世大唐——唐风婚礼攻略

昏 礼·婚 礼

有一首歌完美地抒发了这些年积极参与推广汉服的人们的心声，那就是孙异的《重回汉唐》。歌曲由柔美到激昂，充分抒发了当代人们渴望重新找回汉唐盛世的情感。

汉代与唐代作为中国古代的盛世王朝，其礼乐、文化和艺术都有着独特的魅力和特点，唐代与汉代又有极大的不同。简单地说，就是汉文化是基于自身演进产生，而唐文化则融合了很多外来的成分。

唐朝都城长安是当时当之无愧的国际化大都市。不同民族、不同国家的文化交流十分频繁。这种交流最终体现在了唐代的各种文化上。

就婚礼而言，唐代不论是婚礼的仪式本身，还是新人的服饰、婚礼现场的建筑布景，或者是道具礼器，在保留中华风貌的同时，多少增加了几分异域风情。

挥洒华丽，倾注诗情——唐风婚礼仪程

无论策划哪种风格的婚礼，都要有一份相关的礼仪指导文献。周有《仪礼》，汉有《礼记》，唐代有什么？很遗憾，除了有关婚姻的制度比较完备外，没有什么专门的官方礼制文献。但中华传统文化一脉相承，自周后，历代皆尊《周礼》，只是唐代婚礼内容和其他时代比，有一些独具特色之处。

在讲唐代婚礼的独特之前，先来说一说礼与俗。

礼与俗同时并存于社会中，两者虽有渊源，但也有本质的不同。礼与俗的区别至少体现在以下三个方面：

首先，适用范围不同。俗是特定生活圈内的文化，有鲜明的地域性，它的范围一般不大。举例来说，我国的山东省与湖南省，省与省之间风俗的差别就非常明显；即使在一省之内，甚至在一县之内，彼此的风俗也是面貌各异，所以我国自古就有"十里不同风，百里不同俗"之说。而礼不然，礼是高居于风俗之上的文化。我国各地，尽管风俗纷繁，莫衷一是，而"礼"只有一个，它是大家都认同的高层文化。

其次，文化层次不同。俗是大众层面的文化，无论男女长幼、识字或不识字，都可以浸润其中，其内容大多与日常生活有关，故具有广泛的群众性。礼是精英层面的文化，仪式复杂，内涵丰富，往往浸透着深刻的理念，所以要求行礼者有一定的文化程度。宋代的二程、张载、司马光、朱熹等都曾努力在民众中推行礼，因而使礼呈现出下移的趋势，但仍有文化程度方面的要求。俗主要依靠强大的生活惯性来传承，而礼的传承需要通过较长时期的理论学习和实践才能实现。

最后，约束力不同。俗是约定俗成的生活方式，虽然也有某种程度的规定性，但实行主要靠个人的意愿，约束力较弱。例如过年放爆竹、贴春联的习俗，即使是对该风俗圈之内的人也没有约束力。爆竹的放与不放、放多少，春联的贴与不贴、贴多大等完全是出于个人自愿的行为，没有硬性规定。礼则不然，礼有严格的规定性，如行礼的场所、礼器的组合、宾主的位置、仪节的先后等都是严格规定的，不能违反。有些礼具有行为准则的性质，那更是要自觉遵守。魏晋以后，政府以礼入法，这就使某些礼具有了法律的效应，因而约束力也就更强了。

体现在婚礼中，唐代貌似与众不同的很多仪式内容其实说起来是俗并非礼。这也就是为什么有的礼仪学者做的唐代婚礼重演和大家理解中的唐风婚礼内容相差如此之大了。唐代婚礼的特别之处，概括一句话，那就是不同婚礼文化交流融合。

当然我们今天了解并执行唐代风貌的婚礼，倒不是非要较真是礼是俗。把风貌做出来，感觉做出来就可以了。我们就从唐代的笔记小说入手看看唐代是如何办婚礼的。

从《酉阳杂俎》看唐代的婚礼习俗

唐代婚礼六礼中的前五礼与前代礼节没有本质上的区别，只是民间说法有些不同罢了。

　　唐代婚礼的彩礼也有周礼规定的鹿皮、丝帛变成了以下几种：合欢、嘉禾、阿胶、九子蒲、朱苇、双石、棉絮、长命缕、干漆。每种都有特别的寓意——合欢表示夫妻相爱永久，嘉禾表示福气共享，阿胶干漆表示如胶似漆，九子蒲朱苇表示能屈能伸，双石表示义在两固，棉絮表示情义绵长，长命缕表示相守久远。从这些内容可以看到人们对婚姻的美好期望，同时也印证了民间风俗对婚礼的影响。

　　与前代不同的是迎亲这一环节。

　　唐代段成式撰写的《酉阳杂俎》记录了唐代的婚礼中迎亲的内容："近代婚礼，当迎妇，以粟三升填臼，席一枚以覆井，枲三斤以塞窗，箭三只置户上。妇上车，婿骑而环车三匝。女嫁之明日，其家作黍臛。女将上车，以蔽膝覆面。妇入门，舅姑以下悉从便门出，更从门入，言当躏新妇迹。又妇入门，先拜猪霍枳及灶。娶妇。夫妇并拜，或共结镜纽。又娶妇之家，弄新妇，腊月娶妇，不见姑。"

　　结婚的当天，天还没有大亮，新郎就开始准备出发迎接新娘了。与先秦时代行黄昏之礼的规矩不同，唐代的迎亲时间是有从清晨开始的，黄昏成礼不再是代表当时的全部婚礼形式。

　　到了新娘家中，不见了周礼中安静的行礼方式，好一阵喧闹，新郎在新娘娘家人一顿劈头盖顶的"棍棒夹攻"下狼狈地进了新娘家的院门。这也是现今有些地区仍有的风俗——弄婿。

　　到了新娘闺房外，新郎念诗催妆，直到新娘子从房门里出来。因为这个环节也是民俗，并没有一定之规。

　　新娘子用盖头盖住脸，走出来后，乘上迎接她的车子。新娘子上车后，新郎骑着马，绕着车走三圈。

　　新娘家则会在新娘子出嫁之后的第二天，做一种肉粥。应该算是庆贺新娘顺利出嫁。

　　亲迎的车队在回家的路上会遇到一批又一批的老百姓聚拢过来讨要喜钱。这一风俗现在有些地区仍有。

　　推塔过关一样的可算到了家门。在新娘进门前家中已经做好了两件事情。一个是用三升小米，填满家里院子中捣碎食物的臼；用一个席子，把家里的井口盖上；用三斤大麻的皮（纺织用的原料），放到窗台上；还会把三支箭，放在门框之上。这一民俗是借用衣食丰富，辟邪去晦的隐喻表达对一对亲人的祝福。另外一件事就是家里的院子一角搭建一个青庐，也叫百子帐。这与现代的草坪婚礼还有点关系。唐代人用青庐作为婚礼的现场是源于胡俗，而西方人做草坪婚礼也是源于西方游牧民族。当然了，有唐一朝中这一风俗也不绝对，文化趋向于多元，唐代人结婚也只是一部分用青庐。

　　继续来看新娘子，到了新郎家后，下车进门。这时新郎的兄弟姐妹，全部都从新郎家的侧门出去，然后再从正门走进来。这是干什么呢？是去踩踏新娘进门时的足迹，蕴含让新娘找不着回去的路，安心在夫家生活，未来婚姻生活会长久之意，这种习俗在今天有的地方还有保留。

　　新娘子进门后先去猪圈和灶台祭拜，这应该是对未来婚姻生活富足的一种祈祷。当然新郎与新娘的互拜也是不能少的。但拜的是什么，文献里貌似找不到，只不过多幅唐代壁画婚姻情景里，都有新人站在一起拜一个方向的场面。

　　祭拜过后，新郎与新娘在青庐中分坐左右，侍女递上同牢盘，里面装着同牢饭，新郎和新娘各自吃三口。然后侍女递上用五彩丝线捆在一起的一对金银酒杯，两个小孩子也坐到新郎的身边，念念有词：一盏奉上女婿，一盏奉上新妇。

喝完了合卺酒，新郎把新娘头上的红头绳解下来，这就是汉时婚礼的解缨，但此时被称为合髻。解了红缨后新郎换去礼服，而新娘子又拿一个扇子出来，此时新郎还要念诗若干首，直到新娘把扇子去了，侍女就可以灭了蜡烛出帐去了。

礼成！

今天如何做一场汉风婚礼

方才我们用了很多篇幅介绍唐代的婚礼文化，相信有许多读者已心向往之，那么在今天，我们该如何执行好一场唐风婚礼呢？下面列举一个曾经运用的策划案。请特别留意，在这场婚礼中，大量使用的词句，或者说打油诗，这也是唐代婚礼最为典型的特点了。

宣礼开场

愿结百年同心往，梦寻礼乐归盛唐，但观苍穹织青帐，摘得星月作霓裳。一对佳偶，相逢数载，今日喜结连理。到场宾朋同贺新人共结秦晋之好。

钟琴鼓瑟鸣乐起，穿行婀娜设同席，待等吉时伴起礼，挑举红灯迎新婿。

现吉时已至！仪程开始！有请新婚登台起礼！

新婚施礼！礼迎众宾！新婚启行迎娶新妇！

礼迎催妆

（新郎前行到新娘入场门廊处，吟诗催妆，大门缓缓开启。新娘回应，新娘侍女出）

新郎：金蝉附云鸾镜中，星月光采珊瑚红，举袂盈盈慵扶起，帔霞潜度与熏风。

新娘：醉色胭脂方梦醒，得闻知己觅君声，待起莲步随行去，浅笑朦朦亦传情。

奠雁迎新

（新郎安排送上大雁，新娘看过，准备与新郎同行入场。侍女在通道上遍铺花瓣，新人前行，侍女仪仗跟随）

重逢佳偶观依旧，移步门庭略含羞，愿携知己长相守，但许鸿雁鉴白头。新婿奠雁！奉鸿雁于新妇！

新婿以礼相迎，请佳人移步出行！新婿英才有为，堪为栋梁，新妇温柔娴淑，亦为佳偶。吉庆大礼，众宾同庆。

撒帐

（新人入礼前，侍女继续往现场抛撒花瓣。然后引领新人入场。到达礼台后侍女继续向新人抛撒花瓣）

伴与佳偶莲步移，青空漫落飞花雨，婀娜请设香华路，迎得伉俪随行去！新人已至喜堂，请为新人撒帐。

却扇礼

（新郎诵读却扇诗，新娘回应一首，而后却扇）

新妇已入夫家大门，但尚有团扇遮面，还望新婿以诚相待，让新妇撒去貌美容颜前的最后一抹朦胧，与你登台成礼。

新郎：相识佳偶已数载，今求彩凤门庭开，漫步青庐随夫婿，散撒云蒙登阙台。

新娘：诚谱情真鉴沧海，愿与郎君共头百，撒却朦胧成盛礼，记得信语錾金钗。

落印婚书天地互拜礼

（新人查看婚书，落印为证，而后依次拜天地，互拜）

请新人一同阅览婚书，落章为信！

夏历 × × 年 × × 月 × × 日

郎君：年已成立，未有婚媾。承贤慧女令淑有闻，四德兼备，愿结高援。敢以礼请。

娘子：年尚初笄，未闲礼则。承贤睿子未有伉俪，顾存姻好，愿托高援。敢不敬从。

请新人行天地互拜之礼！

新人告谢天地，天地相鉴情缘写，山海为盟永相携。（新人跪拜天地）

新人互敬互拜，举案齐眉同心语，相敬如宾白首居。（新人互敬对拜）

天地互拜礼成！

同牢合卺

（新人互拜后，入同牢席，侍者依次为新人沃盥，备食，备酒。新人行同牢合卺之礼）

请侍者为新人设同牢席。新婚礼请新妇！

请侍者为新婚新妇饮水沃盥！新婚新妇沃盥！

请侍者为新婚新妇呈爵备酒！新婚新妇请将酒酳撒而祭！

请侍者为新婚新妇上呈馔食！新婚新妇同案共食一牲之肉！自此亲结一家！

请侍者为新婚新妇上呈匏瓜！新婚新妇请将各自匏瓜中酒先饮一半，

而后交换手中匏瓜再次共饮饮干！

啖取脍炙同牢亲，一曲知音伴长吟，共品琼浆合匏饮，杯中酒去情无尽！新婿新妇同牢合卺成！

互换信物

（新郎为新娘换下头上一只头钗，新娘为新郎换下身上玉佩）

投得木李换美玉，不求回报寻知己，但若有情天长久，冬寒动容飞花絮！

请新婿新妇互赠薄礼，为今日永以为念！

新婿为新妇插上一支头钗，自此佳人妆容有伴，可以常为悦己者容了！

新妇为新婿系上一块美玉，君子玉不离身，新婿永远是新妇心中的仁人君子！

礼成

今日唐风古韵婚典礼成！请新人及侍女从者礼谢众宾！祝新人鸾凤和鸣、芝兰永茂。宾朋嘉客笑语相随，英郎才俊迎得美人归！

云裳花容——新人的婚礼服饰妆容

　　唐代建立以后统治者对礼服样式款式还是十分重视的，在承袭前朝冕服的基础上制定了君臣不同等级的冕服制度。与之对应的女子也有相应的服饰制度。但唐朝又是个不太拘泥细节的朝代。因为国际化的深入，唐朝的统治者带头搞起了"流行风"。因此唐代的服饰包括婚服在内呈现出时间上、地域上的双重多样化。

　　大体可以分为两个类别。

　　唐朝官方礼服制度中的男女婚服样式。

　　男子婚服为衣裳制礼服，上衣为深青色外袍，下身穿橙红色下裳，套头式的白纱中衣，白袜红鞋，头戴黑色缨冠。

　　不同官爵品级的男子婚服上在装饰纹样有所不同。其实说起来唐代礼制的礼服样式与周代制定的冕服礼服样式是一脉相承的。相应的，婚服选取的也是礼服中的部分类别。

　　女子婚服根据身份不同也有相应的服饰制度。基本形式为青色深衣制礼服。根据品级不同，装饰有不同的翟鸟纹样。头戴不同数量级别的花钗。

　　这种根据礼制的男女婚服可以说有别于大众影视作品所见的典型的唐代服饰形象。这到底又是什么原因呢？

　　前面已经提到了，唐代的疆域在中国历史上是十分广阔的。对外文化交流也十分频繁。加上唐代统治者本身对文化的多元化也有很强的包容性。体现在礼服制度上也有相当的变通和随意。

　　唐代官方婚礼服制有文献支持，同时唐代民间婚礼服制有文物支持。在敦煌壁画中，有多幅体现唐代婚礼场景的壁画。里面的男子身穿红色圆领袍，头戴幞头，腰束革带。女子穿青色对襟衫或襦，配以长裙至下摆拖地，裙上系带，一般为高腰款，服装的层数则叠加繁密。

　　这样的礼服样式更接近于大家影视作品中唐代服饰的形象。因此大多数观者，包括很多对历史十分有兴趣的大众，印象中先入为主地接受了云髻高盘，头插花钗，罗裙高束甚至酥胸半露的唐代女子形象，并简单的得出唐代女子开放的结论。但如果说婚服也是这个形象就有些草率了。毕竟唐风开放，但并不是整个唐代都是如此，服饰的演化也是一个文化发展沉淀的过程。

　　说起唐代婚服的特点，不能不说说唐代婚服，尤其是女子婚服的纹样图案。唐婚服中的图案相比以往传统图案中强调神权威严的创作理念。大胆用花朵、草木等写实图案，婚服的纹样宝相花纹和鸟衔草纹、唐草纹最具代表性，体现大唐华贵典雅，寓意婚姻的缠绵长久。

　　通过刚才的介绍，我们可以看到，不论官方礼服制度文献，还是民间婚服内容壁画，唐代婚服用色是浓烈的、大胆而张扬的，是中国古代服装史中色彩最绚丽夺目的。

　　红色婚礼服饰就是起源于准庶人着绛纱袍公服亲迎的先例。在唐代圆领袍普遍作为公服使用。红色是唐婚服中的传统色，男服绯红居多，除了红色，青绿女服也在当时十分盛行。这点在《新唐书》中也可以见到相关描写："庶人女嫁有花钗……连裳，青质，青衣，革带，袜、履同裳色"。

唐代女子婚服多以不同色阶的绿调为基色，例如蓝绿、青绿等，袍裙上为了突出色彩对比，并与新郎和喜庆之红相呼应，所以在服饰中一般在青色以外，还有红色花边、腰带等配饰，色彩强烈，鲜亮绚丽。

唐代婚礼中新娘装扮形象一般为：头上佩饰金银或琉璃钗、步摇、髻饰花、鬓唇，有时也会配金银或玉等制成的小梳子等，或戴真花加义髻（假发造型）。钗钿的数量、材质比日常礼服更为艳丽多样，但是相比而言华贵程度也与品级有联系，随地位的不同而有所差异。唐代流行的婚礼面妆是"红妆"，用红色视为喜庆。在妆容上配彩色花钿，新娘根据个人喜好点缀不同的样式，时常还会贴面靥，其形式和颜色也颇为繁多，加上以金色为主色的耳坠，新娘妆饰可谓是耀眼夺目、万象多姿。可见唐代妆饰在丰富多样的同时，又突出了新娘个性。

不得不说唐代的婚服及新娘妆容，体现了当时唐人对待服饰文化大胆求新的态度。

图为当代设计的唐风婚礼礼服，出自著名民族服装品牌
"璞兰芳"

器物——华美的大唐金银器

提到汉式婚礼中的道具，很多人第一时间想到的就是婚礼中使用的各种礼器，汉代以后应该被称为器皿。正如周的典型用器是青铜器，汉是漆器。唐是什么呢？有人根据唐代开始出现瓷器的历史构想唐代婚礼应该是大量使用原始的瓷器。

如果是平民百姓自然无所谓，粗陶碗在婚礼仪式中一用几千年，对于百姓也是十分正常的选择，但是对于唐代富庶的人家而言就太不符合身份地位了。

唐代最不容忽视、最有艺术品位的一项工艺，那就是金银器皿工艺品。

大唐盛世，经济文化极其繁荣。就金银器而言，其制作技术之高超，花纹之精美，品种之繁多，前所未有，达到了当时的最高水平。就金银器的风格而言，可说雍容华贵，文化气息浓郁，体现了盛世之风采。

唐代金银器盛行，除了有雄厚的国力作基础外，还与当时开采金银之盛有关。据新旧《唐书》记载，唐代采金场地有 11 处，采银场地 56 处。产金地主要在剑南道、岭南和江南的饶州、信州、潭州、永州等地。而产银之地则有饶州、宣州、安南、陕州、伊阳、润州等地。总的来说，唐代金银主要产于南方地区。白居易诗云："银生楚山曲，金生鄱溪滨，南人弃农业，求之多苦辛。披砂复凿石，乞乞无冬春。"可见当时采金银之热潮。产金银之地需每年向朝廷贡献，交纳金银税。

唐代制造金银器的部门可分"官作""行作"两类。

"官作"即朝廷和地方官府的作坊。中央少府属官中设"金银作坊院",宫廷内则专设为皇帝和后宫制作金银器的文思院。"行作"即指私营金银作坊,雇佣民间工匠为官府和富贵阶层铸造或进行商业生产。

唐代金银器大宗用于进奉、赏赐,其次用于贮备国用,另也用于民间买卖。进奉则主要指地方高级官僚向朝廷贡献金银器等财物,以讨恩买宠,达到升官固位的目的。

赏赐指朝廷赠送金银器与周邻国家,如契丹、突厥、回鹘、吐蕃、南诏、渤海等国,以发展外交关系,另外还大量地赏赐给宠幸的大臣。如玄宗时,多次赏赐安禄山大批金银器,以笼络其忠心。此外,金银也是国家的贮备财富。《唐大诏令集》卷108记玄宗开元二年(公元714年)敕:"所有服御金银器物,令付有司,金银为铤,仍别贮掌,以供军国",贮备用的主要是金银铤。而民间富裕家庭日用之金银用器、首饰,或购自市场,或自家打制。长安有东西二市,市内有许多金银铺行。南方的扬州则是全国的金银商贸中心。

唐代是金银器皿开始大量出现的时代,考古发现已达一千几百件,其中大宗出土的就有好几批。如1970年西安何家村窖藏出270件金银器,1983年江苏丹徒丁卯桥窖藏出956件金器,1987年陕西扶风法门寺出土金银器121件等。根据这些出土的金银器,我们可以大致理出唐代金银器的发展过程。

唐初,百废待兴,经济尚待恢复,故初唐至高宗时期(公元618—公元683年)实行"去奢省费"政策。此期的金银器出土数量少,种类单纯,仅有碗、盘、杯、壶、铛等,装饰多分瓣,且多在九瓣以上。纹饰有海兽纹、云纹、鹿纹、鸿雁衔绶纹、双狮纹等，器底为双层。此期的金银器皿受西方影响较多，故多见具有波斯萨珊风格的金银器皿。

武则天、玄宗时期（公元 684—公元 755 年），经过几十年苦心经营，唐朝经济出现兴盛局面，物质财富迅增。此期的金银器出土数量和器类增多，不仅有饮食用器，还有药具、宗教用具、杂器（如熏球）等。装饰多分六、八等分，大多数为双层莲瓣，纹饰主要有忍冬、莲叶、石榴等花纹。这一时期已逐步摆脱外来影响，形成本土化风格。

肃宗至哀帝时期（公元 756—公元 907 年），官僚腐化骄奢，进奉之风大盛，金银器数量大增，出现仿生器物和茶具、酒具等。容器形体增大，出现高圈足，装饰面多划分为四、五等分，各类器物口沿多用单相莲瓣，摩羯纹普遍使用，儒家经典人物故事和成双禽类花纹出现。

大致说来，唐代金银器装饰花纹在武则天前后，主要为忍冬纹、四瓣或八瓣花纹折枝花，但后来逐渐演变，至德宗以后，多用团花（主体是牡丹花）和花鸟图案为装饰，出现了花团锦簇、花繁叶茂之貌。

唐代金银器制造、装饰工艺复杂精细，主要有浇铸、锤击、焊接、錾刻、镂空、镀、抛光、切削等。

唐代日常生活所用金银质碗、盒、杯、盘之类器物多发现于陕西省西安市及其附近地区，绝大部分出于窖藏和居住遗址，出自墓葬者甚少。因此在今天的唐风婚礼中，如果有条件，有一套仿唐金银器，无疑会让婚礼作品增色不少。

需要提醒一句的是，大家熟知的唐三彩，工艺精美，题材广泛，但从它的文化属性讲不适合在婚礼中使用，毕竟唐三彩是冥器专用的。

精美的当代各式唐风金银器工艺品

当代唐风婚礼的场景打造

唐代的建筑家具起到了一个重要的承前启后作用，在继承原有中国文化特质的同时也吸收了很多外来文化，这点和礼仪本身以及服饰很相似。那么我们就从建筑、家具以及现在实际的场景布置三方面了解一下唐风婚礼的布景内容。

唐代的建筑特点

唐代是中国自汉之后又一个大一统的封建王朝，国力强势，文化多元多样，经济到达了一个新的高峰，其建筑也别具一格！

唐代的建筑技术和创造革新有了巨大的发展。唐代建筑规模气派宏大，各种住房、宫殿、高塔、寺庙等规划严密整齐，中国建筑群的整体规划在唐代也趋与完善。当时的都城长安城最具代表性，长安城是当时世界上最大的城市，其规模之庞大，布局严密之整齐，空间分布之合理，设计艺术之新颖，一直影响着古今中外的建筑风格，为中国后来的建筑技艺发展提供了很多有价值的参考。

唐代建筑最突出的就是实现了艺术加工与结构造型的完美结合，包括石柱支撑，屋梁的横跨，受力点的衔接等在内的建筑构件均体现了力与美的完美融合，不仅给人以美的享受，而且整个建筑显得庄重大方，居住起来令人感觉舒展朴实，无所拘束。迄今，我们依然可以在山西的南禅寺、佛光寺找到唐代的木构建筑遗存，感受唐代建筑的风采气势。这种韵味是后世宫殿、庙宇等建筑所无法拥有的。

面对唐代数量庞大，样式多样的建筑，我们在实际策划实施一场唐风婚礼时不可能复原性实现，只能通过一些时代的特征增强时代感，下面对唐代建筑特点做一下总结，希望对读者对唐代的建筑风格有一点的了解，希望对实际婚礼布景有助益。

布局严整开朗，气魄恢弘壮大

看看当时的都城长安城，当时长安面积达 87 平方公里，是今西安市区（明西安城）的 8 倍。相关数据通过今天的遗迹考古也得到了有力的佐证。长安城的规划是中国历代都城中最为严整的，作棋盘状。城内宫城有很多，其中有帝王后妃的宫城，有政府机关所设立的专门机构，还有商业区东西二市、一百〇八坊。其庞大的规模，今天的我们仍然可以想象得到。

建筑坐落分明，布局延展有序

唐代建筑群整体布局层次有序分明，错落有致。比如大户人家的府邸，建筑整体一般呈方形，最中为正殿，也称为前殿，为接待客人及礼仪活动场所，也是主人的住所。前殿后面是后殿，一般为家属子女的住所。前殿左右上方有厢房，一般为客居，也可作为库房。各殿之间设有通道长廊连接，长廊宽阔高大，上有棚顶，可以遮阳挡雨，以上这些建筑构成一个院落，院落最外围是高大的围墙，围墙一般有大门和后门，还设有偏门，但偏门一般不开放。这种建筑构造大到大型宫殿，小到一般庭院都可见到。

建筑取材广泛，建筑技艺精湛

唐代的建筑材料有木材、砖块和瓦石。目前我国保留下来的唐塔均为砖石塔，现在河南嵩山嵩岳寺砖塔，是唐建砖石结构建筑的代表，除塔尖的螺旋形顶刹为汉白玉石雕外，其他部分都是用青砖黄泥白灰垒砌而成。建筑取材用的瓦有灰瓦、黑瓦和琉璃瓦三种。灰瓦较为疏松，用于一般建筑，平民百姓住房多用灰瓦。黑瓦质地紧密，表面光滑，一般用于宫殿和寺庙。而琉璃瓦在长安大明宫出土的居多，其中有绿色，也有些是蓝色。瓦的样式和色彩搭配，也是唐代独特的创造。就建筑技术而言，唐代木构建筑可以说是前无古人后无来者的一个巅峰，其殿堂造木构梁架结构实用优美，具有良好的稳固性及抗震性。房屋立柱以上的梁架结构，用纯木构层层叠叠以榫卯连接，在实用的同时达到美观的艺术追求。多样的建材、巨大有力的斗拱、厚实的瓦檐、素雅的外墙粉饰以及有辅助和加固稳定作用的立柱，便形成了大唐建筑高贵灿烂辉煌的风貌

建筑设计新颖，功能完善独特

唐代建筑的石柱高大结实，屋梁横脊也都结实厚重，以肥为美，最突出的是屋顶有大的斗拱设计，不仅使屋顶建造更加结实，而且外形优美，也是唐代的标志性建筑特色。由于建筑中运用的斗拱设计，唐代建筑解决了大空间这个问题。大空间的建筑，外观高大宏伟，内部开阔亮堂，住起来也更舒适。前面提到的南禅寺大殿就是现存的唐代建筑的代表，寺宇位于山西省五台县西南的李家庄，重建于唐德宗建中三年（公元 782 年），是我国现存最早的木构建筑，也是亚洲最古老的木结构建筑。

建筑艺术成熟，色彩运用灵活

在唐代之前，运用到建筑上的色彩单一，搭配比较简单。到了唐代，色彩的搭配文化得到发展，唐代人用色十分大胆，红绿配，冷暖色配不一而足。在唐代只要条件准许，季节、环境不同，建筑的色彩搭配也会不同，不同阶层的人也有特定的色彩用在不同的场合。

从现有资料来看，中国第一把椅子，出现在敦煌第285窟的西魏壁画。壁画上，菩萨双手放在身体两侧，垂足而坐。从那时起，现在日常的垂足坐姿产生了。

唐代的家具特点

在汉式婚礼中，家具是必不可少的布景道具，唐代家具较之汉代有了较大变化，中国人的坐姿也发生了从"跪坐"到"垂足高坐"的重大改变。

在汉代的时候一般为"跪坐"，但出现了像床一样的独坐榻，榻的四周有低矮的榻足，膝盖可以不再接触地面，榻面加上坐席或坐垫后显得更加柔软，这是坐具的一个改革。随后在东汉初年出现了"胡床"，是由西域少数民族传入中原的。胡床就是现在所说的"马扎"。从西魏开始，椅子就已经在中原出现，但它的出现不会立刻改变广大汉人跪坐的习惯。在宋代，垂足而坐的椅、凳等高脚坐具在民间普及，结束了汉人几千年来跪坐的习俗。这期间，在唐代，出现了后世的"圈椅"。在有名的描绘南唐官僚的画卷《韩熙载夜宴图》中，共出现了六把不同式样的椅子，其中五张都是用来垂足高坐的，只有一张是用来跪坐的，可见在唐代高形家具已成为一种趋势。唐末至五代时期，又是中国家具形式改革的一个过渡期，出现了高

《韩熙载夜宴图》局部，图中可见多种唐代特色家具

低型家具并存的局面，所以唐代家具不管是款式的设计上，还是装饰风格的采用上都十分多元化。

唐代家具宽大厚重，造型浑圆丰满，给人感觉十分沉稳，安定牢固。在装饰上相当重视细节处理，一改之前的古朴之风，将精美的雕刻和彩绘附于其上，清新又华丽，风情格调极为和谐。家具类别主要包括：案、柜、床／榻、凳几个大类，还可以下分很多小类。

案，又分为板足案、曲足香案、翘头案以及撇脚案。其中板足案使用最为广泛，案面为长方形，四边也有拦水线，是人们常用来进餐使用的一种食案。撇角案整体造型设计极为特殊，案面两端往上卷起，而且有束腰，四条腿整体顺势而下，因为四条腿像外撇的脚一样，所以就被人们称为撇脚案。

柜，一般就是指的三彩柜，在柜体上以油漆彩绘各种唐代特有的纹样花卉。

床／榻，包括平台床、箱式床、屏风床、独坐榻等，可以适用不同的生活起居场合。

凳，在唐代家具中主要有方凳及月牙凳。其中月牙凳是唐代汉族家具中最为典型的创造之一，在传统印度坐具的基础上，进行了突破性的改变。座面不方也不圆，呈现一种月牙的形状，垂足而坐，刚好满足两条腿的垂放，造型别致新巧，装饰精致华美。

今天如何做一场唐风婚礼的置景布置

在汉风的场景中介绍了简易和大场景布置两种方式，唐风的简易场景其实和汉风是一脉相承的，所需要的仅仅是更换唐风主题的背景纹样和装饰布景。下列各图即为笔者在实际案例中的布景，分享给各位读者。

场地布置前现场

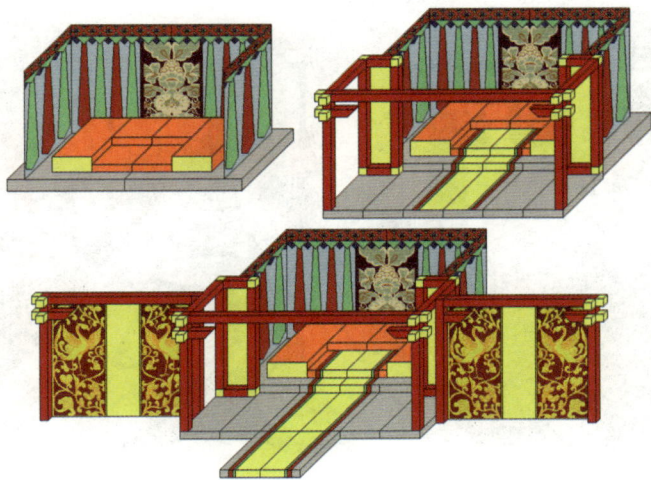

现场设计图稿

实地效果

趣味篇番外三：妻妾分明的年代——最早可考的完整婚姻法唐《户婚律》详解

唐代有完整的法律制度流传，也是中国最早的完整法律制度体系，这就是《唐律疏议》。其中的《唐律·户婚律》也是中国最早系统完善的婚姻法法典。

对于婚姻问题首先要明确婚姻的缔结以及相关的要求。婚礼的主婚权属于新人双方的父母，这点与民风自由浪漫的先秦形成了鲜明的对比。当然并不是说年轻人就绝对没有权利选择自己喜欢的对象。只不过需要父母进行最终的决策。

与秦朝法律只规定登记，不介入婚礼仪式流程的法家律法相比，唐律对婚礼的仪式也做了相关的规定，并明确了自周以来婚礼六礼的法律地位。不给聘礼结婚那是不受法律保护的。所谓"万紫千红一片绿""一动不动""三斤二两"等现代中国所谓的天价彩礼现象也是有可靠的历史依据的。

对于不可以结婚的情况，唐律给出了详细的规定和解释。

一、禁止同姓为婚及亲属为婚：同姓不得为婚的原则在西周时就已经开始实行。它的产生是由于人类社会早期生活环境残酷，一个人群单靠自己的力量很难生存发展下去，因此就必须和其他人群联合以壮大力量，而这种联合的最佳手段就是婚姻。于是就形成了最初的同姓不婚。

随着文明的发展，人伦思想的确立，同姓不得为婚又有了另一实质性的原因，即规范血缘宗法的有序传承，确认和维护伦理等级关系。它是由于世人认为"同姓之人，即尝同祖"同姓的人是一个宗族的成员，而同一宗族成员中有严格的长幼尊卑之分，同宗族间通婚，势必会打乱原有的有序的宗法秩序。

再者，古人还发现"男女同姓，其生不番"，即家族内部男女结婚不利于下一代的成长，由此从自身家族的发展利益出发做出了同姓不婚的限制。因此在客观上为国民素质提高起了一定作用。同时它也是我国古代婚姻制度的一大进步。

二、禁官员娶部属之女：即官员不得娶自己部署的女儿，除了娶为己妻外还包括不得为亲属娶之。这一规定，维护了官员的威严，也在一定程度上防治了官员凭借权势欺凌百姓，有一定的积极意义，但其实质上仍是为了维护社会等级制度，也避免了权利联姻影响政权稳定。

三、禁止良贱为婚：《唐律》规定婚姻不得有违封建等级制度原则，并将之具体分类。即：不得以妻为妾、以婢为妻、以婢为妾；不得以妾及客女为妻；不得奴娶良人为妻；不得杂户、官户与良人为婚。也就是说妻妾间、主婢间地位分明，不可逾越。妻妾、主婢间是统治与被统治的关系，而非长次、主副的关系。

四、禁止僧、道为婚：这一点很好理解，无外乎宗教制度在世俗社会上的尊重性体现，也有利于对宗教的管理。

五、禁恐吓为婚：《唐律疏议·户婚律》卷十四"违律为婚"条规定："诸违律为婚，虽有媒聘，而恐吓娶者，加本罪一等；强娶者，又加一等。被强者，止依未成法。"

六、禁止妄冒为婚：即男方或女方故意隐瞒己方的真实情况，如向对方隐瞒己方的年龄、身份、身体状况；或者假冒顶替，以次充好。

七、禁止娶逃亡妇女为妻妾：这种逃亡并非背着丈夫出逃，而是妇女本人因犯罪而逃亡。唐代的户籍制度不甚完善，逃亡妇女极易利用这一漏洞以走失妇女的名义与收留其家庭之子结为婚姻，逃离刑罚制裁。故这一法律的制定在一定的程度上有利于唐朝的安定。

八、禁止先奸后娶。唐代法律还是制定了一些相关的禁忌制度，比如嫁娶违例就有详细的分类和规定。

《唐律》将嫁娶违律的范围定为：

一、居父母丧期而嫁娶，理由是"父母之丧，终身忧戚，三年从吉，自为达礼"。

二、居夫丧期而嫁娶，理由是"夫为妇天，尚无再醮"；从这条也可以反过来看出唐代法律上是不反对夫死女方改嫁的。这与后世理学兴起以后无原则的强调所谓"妇道"不同。

三、在祖父母、父母被囚禁时嫁娶，理由是"祖父母、父母被囚禁，陷身囹圄，子孙嫁娶，名教不容"。

《唐律》中的这些规定可看出唐代继承了儒家的重孝思想。儒家把家庭中的亲亲之爱看作是仁爱的出发点和根本。要求世人孝敬长辈、爱护长辈。因此在父母、祖父母的囚期或丧期嫁娶，违反了这一思想。再者妇为夫天，唐代重视夫权，妇女在夫丧期再嫁在世人看来是违反礼数的行为。

结婚以后，《唐律》也规定了几种强制离婚的情况，注意这不是男方或者女方意愿可以决定的，说白了就是官方判决夫妻离婚。这部分规定就是夫妻"义绝"！《唐律》规定"诸犯义绝者离之"。

《唐律》"义绝"包括：

丈夫殴打妻子的祖父母、父母；

丈夫杀害妻子的外祖父母、伯叔父母、兄弟、姑、姊妹；

丈夫同岳母有奸情；

妻子殴詈（lì）丈夫的祖父母、父母；

妻子杀伤丈夫的外祖父母、伯叔父母、兄弟、姑、姊妹；

妻子同丈夫的缌（sī）麻以上亲属有奸情；

妻子欲杀害丈夫；

夫妻双方的祖父母、父母、外祖父母、伯叔父母、兄弟、姑、姊妹自相残杀。

"义绝"作为强制离婚的法律规定始见于唐代，它规定妻子可以与杀死自己岳父母的丈夫脱离关系，并对以这种原因而选择离婚的妻子给予合于伦礼及世俗观念的权力。这与后世清末民初夫权极为强大到无法无天的情况形成了鲜明的对比。

之后"义绝"规定更加完善化，它不再限于夫杀妻之父母，还包括了夫或妻对对方父母、兄弟、外祖父母、祖父母等亲属的侵犯，包括了伤害，殴打，甚至于责骂。

"义绝"在实质上就是为反对亲属间的互相侵犯或乱伦。本义也就是维护正常的家庭亲属关系，巩固伦常观念和家族秩序。再者，"义绝"本身就是不平等的。就数量上来看，八条"义绝"条件，三条对丈夫，四条对妻子，一条夫妻共用。

但从实践上来看，"义绝"还是在客观上起到了保护妇女及其亲属人身安全等的作用。

　　最后给大家说说唐律规定可以休妻的所谓七出之罪及三种例外情况，也就是通过补充制度保证男子不能随意休妻。也就是"三不出"。

　　七出之罪自汉代后历代都有延续，分别是：

　　一、不顺父母，即妻子不孝顺丈夫的父母。理由是"逆德"，在传统中国，女性出嫁之后，丈夫的父母的重要性更胜过自身父母，因此违背孝顺的道德被认为是很严重的事。

　　二、无子，即妻子生不出子女来，理由是"绝世"，在传统中国，家族的延续被认为是婚姻最重要的目的，所谓"不孝有三，无后为大"，因此妻子无法生出子女来便使得这段婚姻失去意义。以《唐律》为例：妻年五十以上无子，听立庶以长。疏议据此认为四十九以下无子，未合出之。

　　随着古代中国"一夫一妻多妾制"的逐渐成熟，真正是以无子的原因而休妻的情形大为减少。

　　三、淫，指妻子与丈夫之外的男性发生性关系，理由是"乱族"，也就是认为淫会造成妻所生之子女来路或辈分不明，造成家族血缘的混乱。当然，在古代，"淫"不止是指妻子与丈夫之外的男性发生性关系。在封建卫道士眼里理由很多。

　　四、妒，指妻子好忌妒。理由是"乱家"，亦认为妻子的凶悍忌妒会造成家庭不和。而许多看法中，更认为妻子对丈夫纳妾的嫉妒有害于家族的延续（今天看很混账的理由）。

　　五、有恶疾，指妻子患了严重的疾病。理由是"不可共粢盛"，是指不能一起参与祭祀，在传统中国，参与祖先祭祀是每个家族成员重要的职责，因此妻有恶疾所造成夫家的不便虽然必定不只是祭祀，但仍以此为主要的理由。

六、口多言，指妻子太多话或说别人闲话，喜欢嚼口舌、说是非，影响家庭和睦。理由是"离亲"，在传统中国家庭中，女性尤其是辈分低的女性，被认为不应当多表示意见，而妻子作为一个从原本家族外进来的成员，多话就被认为有离间家族和睦的可能。

七、窃盗，即偷东西。理由是"反义"，即不合乎应守的规矩。

《唐律·户婚律》中"三不出"的内容是：

一、舅姑之丧，即妻子曾给丈夫的长辈服丧；在重视孝道的古代，为公婆长辈服丧满三年的，那是大孝，作为丈夫要有实质的表示。所以描写宋代的铡美案的戏剧，那也是有依据的，秦香莲发送饿死的公婆为之服丧守孝，陈世美那是必然没理由休妻了！

二、娶时贱后富贵，即丈夫娶妻时贫贱，后来发达富贵了；唐朝宰相魏徵就是用这条规定拒娶了公主！贫贱糟糠妻不去！

三、有所受无所归，即妻子的家族散亡，若妻子被休则无家可归。这条的设立主要意图是保证妻子被休以后能有生活保证，也是男权社会婚姻制度给女人最后的一条保证了。

"三不出"最早见于《大戴·礼记》，其内容包括"有所取无所古归，与更三年丧，前贫贱后富贵"，但它到唐代才被正式列入法律之中，成为具有法律效应的强制规定。它的诞生是为了保障夫权社会处于弱势地位的妻子不被任意休弃。由于封建时代婚姻往往不是夫妻两个人之间的事，而是婚姻双方整个家族的事，家族间借助于婚姻来维系一种互惠互利的社会群体关系。在一定程度上使嫁女为妻的家族不会觉得地位的悬殊及"交易"的不平等，从而减少了妻子被休弃的任意性。但是它仍然无法改变妇女无婚姻自主权及被休弃的命运。

《唐律·户婚律》给和离的定义为"彼此情不相得，两愿离者"。它规定"若夫妻不相安谐而和离者，不坐"。唐代的"和离"记载主要见于敦煌文书：

"盖以伉俪情深，夫妇义重，幽怀合卺之欢，须□同牢之乐。夫妻相对，恰似鸳鸯，双飞并膝，花颜共坐。两德之美，恩爱极重。二体一心，死同棺椁于坟下。三载结缘，则夫妇相和。三年有怨，则来作仇隙。今已不和，想是前世怨家。眈目生怨，作为后代增嫉，缘业不遂，因此聚会六亲，夫□妻□，具名书之。□归一别，相隔之后，更选重官双职之夫，弄影庭前，美逞琴瑟合韵之态。解□舍结，更莫相谈。三年衣粮，便献柔仪。伏愿娘子千秋万岁。时次 × 年 × 月 × 日"

比起现在离婚证书上冷冰冰的程式语句，这道《放妻书》可以说是温柔至极，先追述前缘，再讲感情分裂只能离婚了，对于妻子的未来不只担负离婚后三年的衣粮，还附上祝福，读来令人忍俊不禁之余，不禁觉得还有几许温情。

中国古代婚姻观念中，婚姻关系的缔结与解除往往都与家族、宗族利益相关联。"和离"算来是唯一一个关注婚姻双方的感情状态的离婚制度。但是不得不正视的问题是"和离"制度处于夫权社会之中，妻子无婚姻的自主权，深受压迫，夫妻间没有感情是常有的事，但妻子要求离婚，丈夫会同意又是微乎其微的事，"两愿离者"情况的出现很少，这也使得"和离"的规定几乎是一纸空文。同时从"和离"成功，夫妻间协议离婚签订的文书中也可看出"和离"制度的制定并不能改变唐代"夫权社会"的社会性质，也不能改变妻子无婚姻自主权、被压迫的命运。

宗法伦理制度作为一种思想道德意识，深深的影响和制约着人们的社会生活，尤其是婚姻生活。《唐律·户婚律》中关于离婚的诸条规定都是封建社会儒学等级思想、宗法秩序思想在婚姻中的反映。从这个角度来看，唐代的离婚制度有着落后腐朽的本质。《唐律·户婚律》对离婚制度的规范完善实质上也是对妇女压迫日益体系化、妇女地位日益低下的象征。

第四章

礼义教化——

明风婚礼攻略

昏 礼 · 婚 礼

　　明代是正统汉文化传承发展在封建王朝的最后一个时期，明代的服饰礼仪制度制定得到了明代官方的直接支持。这与明王朝取代元朝，亟待恢复中华正统服饰礼仪文化的需求是分不开的。明王朝在制定相关服饰礼仪制度的时候特别强调了华夷之辨，去除胡俗。

　　在具体的服饰礼仪制度上，上至先秦两汉，下取隋唐两宋，可谓历代文化大融合。当然成绩也是可观的。像冕服制度，明代的冕服制度是保存的最为清晰完整的，有丰富的文献资料可供参考。

　　唐代的礼仪制度上承袭周礼，同时兼顾了现实的操作，比如庶人阶层变六礼为三礼，简化了流程，提高了普及度。民间的礼俗进一步融合形成了延续至今的民俗婚礼文化。

　　那就让我们一起来感受一下明代的大婚仪式。

明风婚礼仪程

明代的婚礼仪式流程主要记录于《大明会典》。明代民间婚礼虽然喜庆热闹，但是唐代流行的弄婿、障车、坐马鞍、却扇等礼俗都已经见不到了。

有别于在大量影视作品中表现的明清民国甚至不分任何朝代都千篇一律的"一拜天地、二拜高堂、夫妻对拜、送入洞房"简单化的中式婚礼形象。如果按照相关礼仪制度执行，明代贵族的婚礼同样遵循周礼六礼，或经简化的礼仪制度，但庶人阶层的婚礼礼仪更加简化，有很多旧俗已经不讲究了。明代的婚礼虽经历多次减化，婚礼的核心同样有同牢合卺的内容，并且可以确定的是，"跨马鞍"在明代婚礼中是真实存在的，拜见公婆的时间在婚后第二天。

因为经历了周、汉、唐三次周礼不同方式的洗礼，明代的婚礼流程这里也就不再赘述了。

现在看看今天该如何策划执行一场明风的婚礼。

具体实践可以借鉴一下在汉服文化周举行的集体明风水乡婚礼。算是婚礼仪式结合当地水乡风情的一次成功尝试。

西塘水乡明风集体婚礼策划案

主持开场（宣读开场词，引导主婚证婚领导登台）

西塘水乡，十里红妆！当人们习惯于在酒店以快餐化的形式筹办自己的人生大礼时。不妨重新将我们的目光转回到西塘曾经的梦里水乡，看一看这座明清古镇曾经拥有，被我们再次找回的水上婚嫁！

走明清的巷，看唐宋的镇，踩春秋的水，着一身婚服见证，江南水乡的柔情相守。今天寻回的婚典，不是历史简单的重复，而是用曾经辉煌灿烂的文化，诠释装点一场隆重水上婚礼的大明风尚！在此您可以看到，精美的明代通绣礼服。告别俗气喧闹而隆重华丽的大明仪仗，西塘水乡独有的彩船迎亲，在犹如碧色织带的水溪之上打造一条流动的十里红妆！西塘汉服文化周水上大明婚礼正式开始，有请主婚，证婚领导嘉宾登台！

仪仗迎新（新郎于水上舞台等待，明风仪仗列队，依次是飞鱼服，金瓜钺斧朝天蹬权衡，载有新娘的彩船行驶靠近，新娘登台）

汉韵乐礼观西塘，十里水乡嫁红妆。邀得众宾鉴吉礼，日月昭明告天苍！

乙未年九月二九，四海宾朋同聚于此，共鉴三对佳偶共结连理，现吉时已至！奏吉祥鼓乐，迎新仪仗入场！新郎入场，待等新娘彩船前来，佳偶相会！

登台遮面（彩船到达岸边后，由侍女依次为新人盖上盖头，走到水上舞台台口站好）

请新娘障面前行！

新娘在彩船之上，满怀幸福的欣赏着西塘水乡的美景，到达岸边会盖上红盖头，将自己的美丽容颜暂时藏起来，留到拜堂后展示给自己的爱人。

请新郎上前相迎，佳偶共持牵巾！新人前行礼台就位！

（新人一同拉起一条红色绸带，象征着他们的姻缘相牵，也正是从这个时候起这对佳偶将执手相伴，永不分离！）

证婚致辞（邀请西塘地方领导依次为新人致辞，证婚）

新郎英才有为，堪为栋梁，新娘温柔贤淑，亦为佳偶。吉庆大礼，贵宾来贺！现在有请×× ……

正襟理冠

请侍女为新人整理衣冠。以备大礼！新人将要举行他们的人生大礼，所以要把他们的华美婚服整理完美，表示对人生大礼的重视！

祈福上香（引导新人依次上香，告祖）

请新郎上香告祖！

（自古婚姻大事，就是上示祖先，下延子嗣，婚礼中把上香告祖，作为开场的仪式，足以看到中国人对宗族观念，祖先传承的重视！）

婚拜大礼（引领新人完成拜天地，互拜的婚拜环节）

新人行天地互拜之礼！新人告谢天地，天地相鉴情缘写，山海为盟永相携。新人互敬互拜，举案齐眉同心语，相敬如宾白首居。天地互拜礼成！

散撒云蒙（新郎接过如意，挑起新娘盖头。然后再次向新娘施礼）

（拜得天地，共结连理）

请新郎撒去新娘障面！

合卺同心

（拜完天地，新郎就可以挑盖头了，请大家注意，今天挑盖头使用的不是秤杆，而是精致的如意，也是取意新人彼此都称心如意！）

请新人共饮合卺酒，请侍女为新人上呈匏瓜，请侍女为新人斟满合卺酒！新人共饮！合卺礼成！合卺，其实讲的就是新人用两半葫芦共饮交杯酒，意思就是取义两半和一个，两人合一家，也因为青葫芦作为酒杯，酒中会有一些苦涩，意思是同甘共苦。

互换信物（新郎新娘互换信物，新郎为新娘头插头簪，新娘为新郎腰配香囊）

请新人互赠薄礼，为今日永以为念，以祈伉俪，温情永驻。请新人互换信物！新郎给新娘插上一支头钗，表示将来新娘身边会有一个疼爱她的丈夫帮助她盘发化妆。新娘送与新郎的礼物是一只香囊，从此此物相随，新娘的温情永远伴随新郎！

飞花撒帐（侍女抛撒花瓣为新人祝贺）

请侍女为新人撒帐祈福！

（侍女为新人洒下片片花雨，也是将祝福送给新人。祝福他们幸福长久，白首百年）

印信成礼（新郎新娘在婚书上盖章落印，作为纪念永久收藏。婚典礼成！）

大礼将成，请新人一同打开婚书，盖章为证！新人对彼此的诚心都字里行间的体现在婚书当中，此刻他们两手相扶一同将两人的姓名盖在上面，作为他们婚姻永久的鉴证！

　　正所谓：千言万赋，道不尽同心感言。笑语琳琅，贺新人执手相牵。水上大明婚礼，至此礼成！

明代的婚服、妆容

了解明代婚礼中的妆容服饰与之前谈到的几个朝代相比较有着独特的优势，明代距今天时间较近，明代婚礼中的妆容服饰既有相关的礼仪服志等文献可供参考，也有大量的笔记小说版画作为佐证，甚至还有出土的服饰文物，可谓是资料丰富。

如《大明会典·婚礼五》载"品官子孙假九品服，余皂衫折上巾"，明末小说《醒世姻缘传》对明代新娘的衣着打扮描写得也很详细："狄希陈公服乘马，簪花披红，童寄姐穿著大红纻丝麒麟通袖袍儿，素光银带，盖著文王百子锦袱，四人大轿，十二名鼓手，迎娶到寓。"

由文献资料可知，明代庶人新郎婚娶之时可以穿着假九品官服，庶民女子出嫁时可着真红对襟大袖衫加凤冠霞帔，如同庶人男子亲迎可着九品官服一样。这种起源很晚的婚服样式也是目前国人心中理解的中国传统婚礼服饰，而且根深蒂固，经常出现于各个朝代背景的古装影视剧，及现代实际的婚礼中。

对照明代版画和清代以来绘画、戏曲中的表现形象，明代新郎公服应为乌纱圆领常服，而非戴展脚帕头之公服。乌纱圆领称公服，亦见于《明会典》："凡文武官常朝视事，以乌纱帽、圆领衫、束带为公服。"以常服而簪花披红非常符合明代以来的各种艺术中的新郎形象。品官及其子孙的常服应当是各缀本等补子，而用色并未特定为红色，应一如常服制度用色不拘，但不排除于婚礼中逐渐形成特定用色习惯。

明风婚礼定妆照

明风婚礼中的器物道具

明风婚礼的道具器物已经很接近今天常见的中式婚礼和民俗婚礼的范畴了，下面从餐具器皿、琉璃器皿和六证器物一一讲解。

餐具器皿类

明代贵族婚礼用的餐具器皿一般是青花瓷。青花瓷又称白地青花瓷，常简称青花，中华陶瓷烧制工艺的珍品，是中国瓷器的主流品种之一，属釉下彩瓷。原始青花瓷于唐宋已见端倪，成熟的青花瓷则出现在元代景德镇的湖田窑。明代青花成为瓷器的主流。

在今天明风婚礼的上，道具可以选择仿制宣德年间的各种青花瓷器皿。

当代明风琉璃器皿

琉璃生产历史悠久，中外闻名。介绍琉璃器皿在明代婚礼上的用处。

今天我们可以看到很多制作精美的琉璃及仿琉璃制品，可以供大家作为明风婚礼的道具。比如合卺可用琉璃杯，同牢可用琉璃碗，都是不错的选择。

仪礼道具中的三媒六证

传统婚俗中有"三媒六证"的说法。其中，"三媒"指的是婚礼男方家的媒人、女方家的媒人、说合的媒人。"六证"则指的是婚礼过程中用到的具体的物件。引用一段笔者做过的策划内容来介绍一下六证。

六证成缘：（本环节中，主持人引导新郎新娘分别走到左右礼桌旁，根据主持人所问，拿起相应的物证，恭敬的说明名称并示予对方，主持人配合做出解释）

传统婚俗之中有三媒人六证之说，今日婚礼以六证结缘为题，自然也要请新人相互示以六证，以表诚心。

先请新郎于左侧礼案选取六证示予新娘！

事有轻重以何为证？

（以秤为证！）两心相悦，情比泰山之重，以秤为鉴！

持家入账以何为证？

（算盘为证！）事业为先，家人衣食丰足，算盘为鉴！

笑对佳偶以何为证？

（镜子为证！）藏爱于心，伉俪容颜永驻！镜子为鉴！

现请新娘于右侧礼案选取六证示与新郎！

秀美衣装以何为证？

（剪刀为证！）裁剪修衣，佳人愿随夫婿！铁剪为鉴！

悦子妆容以何为证？

（木梳为证！）妆容永伴，女为悦己者容！木梳为鉴！

持家于内以何为证？

（米斗为证！）柴米油盐，佳偶惠德持家！米斗为鉴！

一场明风婚礼中的六证摆件：算盘、料、剪刀、秤、梳子、尺子（另有说法是镜子）

当代明风婚礼的场景打造

明风婚礼的场景布置适于的内容依旧是明代的建筑元素和家居元素。只有了解了明代的基本建筑特色，才能方便的借鉴引用建筑中的明风建筑文化元素用于现场的布局装饰。

明代建筑文化的特点

明代建筑是指公元 1368—1644 年（明代）之间的建筑形式，明代时中国进入了封建社会晚期，这一时期的建筑样式，上承宋代营造法式的传统，下启清代官修的工程作法。无显著变化，但建筑设计规划以规模宏大、气象雄伟为主要特点。明初的建筑风格，与宋代、元代相近，古朴雄浑，明代中期的建筑风格严谨，而晚明的建筑风格趋向烦琐。明代在建筑技术上的进步主要有：第一，砖的生产技术改进，产量增加，各地建筑普遍使用砖墙，府县城墙也普遍用砖贴砌，一改元代以前以土墙为主的状况。此外，还创造了一种用刨子加工成各种线脚作为建筑装修的工艺，称之为"砖细"，通常用作门窗框、墙壁贴面等。与之同时，砖雕也有很大发展。第二，琉璃制作技术进一步提高。琉璃塔、琉璃门、琉璃牌坊、琉璃照壁等都在明代有所发展，琉璃瓦在各地庙宇上普遍使用，色彩品种增多，中国建筑色彩斑斓、绚丽多姿的特点已达到成熟阶段。第三，木构架技术在强化整体结构性能、简化施工和斗拱装饰化三个方面有所发展。例如宋代常用的用一层层木构架相叠而成楼阁的方法，被贯通上下楼层的柱子构成的整体式框架所代替；柱与柱之间增加了联系构件的穿插枋、随梁枋，改善了殿阁建筑结构；斗拱用料变小而排列越来越丛密，等等。这些都使明代建筑的面貌产生了与宋代建筑的明显差异。

因此明代的大量建筑木作雕饰，以及砖雕素材我们可以多搜集，在明风婚礼的场景布置中加以运用。

明代建筑上的精美砖雕

明代家具元素的特点

明代家具有广、狭二义。广义的明式家具，着重一个"式"字，不管制作于明代或明以后何时，也不论贵重材质和一般材质，只要具有明代家具风格，皆称之"明式家具"。狭义则指明代至清代前期材美工良，造型优美的家具。

了解和掌握明代家具风格特点，是我们欣赏家具、鉴定家具时所必须具备的条件。明代家具的风格特点，细细分析有以下四点：

造型——严格的比例关系是家具造型的基础。其局部与局部的比例、装饰与整体形态的比例，都极为匀称而协调。如椅子、桌子等家具，其上部与下部，其腿子、枨子、靠背、搭脑之间，它们的高低、长短、粗细、宽窄，都令人感到无可挑剔地匀称、协调。并且与功能要求极相符合，没有多余的累赘，整体感觉就是线的组合。其各个部件的线条，均呈挺拔秀丽之势。刚柔相济，线条挺而不僵，柔而不弱，表现出简练、质朴、典雅、大方之美。

结构——明代家具的榫卯结构，极富有科学性。不用钉子少用胶，不受自然条件的潮湿或干燥的影响，制作上采用攒边等作法。

在跨度较大的局部之间，镶以牙板、牙条、圈口、券口、矮老、霸王枨、罗锅枨、卡子花等，既美观，又加强了牢固性。明代家具的结构设计，是科学和艺术的极好结合。时至今日，经过几百年的变迁，家具仍然牢固如初，可见明代家具传统的榫卯结构，有很高的科学性。

装饰——明代家具的装饰手法，可以说是多种多样的，雕、镂、嵌、描，都为所用。装饰用材也很广泛，珐琅、螺钿、竹、牙、玉、石等，样样不拒。但是，决不贪多堆砌，也不曲意雕琢，而是根据整体要求，作恰如其分的局部装饰。如椅子背板上，作小面积的透雕或镶嵌，在桌案的局部，施以矮老或卡子花等。虽然已经施以装饰，但是整体看，仍不失朴素与清秀的本色；可谓适宜得体、锦上添花。

木材——明代家具的木材纹理，自然优美，呈现出羽毛兽面等朦胧形象，令人有不尽的遐想。明代家具充分利用木材的纹理优势，发挥硬木材料本身的自然美，这是明代硬木家具的又一突出特点。明代硬木家具用材，多数为黄花梨、紫檀等。这些高级硬木，都具有色调和纹理的自然美。工匠们在制作时，除了精工细作而外，同时不加漆饰，不作大面积装饰，充分发挥、充分利用木材本身的色调、纹理的特长，形成自己特有的审美趣味和独特风格。这是明代家具的又一特点。

明代家具的风格特点，可用造型简练、结构严谨、装饰适度、纹理优美四句话予以总结。

以上四句话，也可说四个特点，不是孤立存在的，而是相互联系、共同构成了明代家具的风格特征。当我们看一件家具，判断其是否是明代家具时，首先要抓住其整体感觉，然后逐项分析。只看一点是不够的，只具备一个特点也是不准确的。这四个特点互相联系，互为表里，可以说缺一不可。如果一件家具，具备前面三个特点，而不具备第四点，即可肯定他说，它不是明代家具。后世模仿上述四个特点制的家具，称为明式家具。

我们做婚礼执行当然不需要太过纠结家具用料年代。主要是通过这些明代家具的特点了解现场道具可以用什么，尽量用什么，以及可以考虑明代家具特点自己设计相关的道具用于现场。这样处理效果会更好，毕竟好的汉式婚礼作品不是复古，而是在传承的基础上创新。

实践案例欣赏

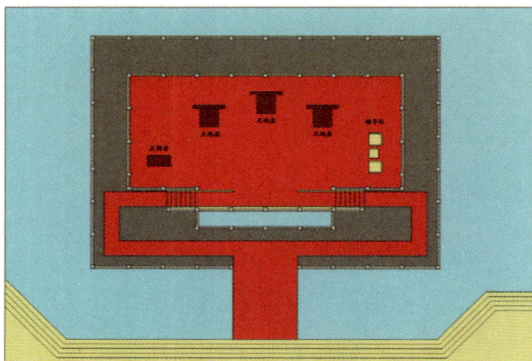

西塘当地现场

　　案例场地位于一片湖面，背景是草木葱郁坐落着多处古风建筑的湖边，风景秀美，古风盎然。

　　场景也借用这个典型案例。婚礼活动整体设计构想：场地预设水上舞台为主场地，新郎和大明仪仗在水上舞台列队，等待喜船到来。礼仪结束之后再乘船离开（前往景区祈福作为下雨天的备选方案，可以另设备用场地，只在水上舞台进行雨中登船仪式）。

西塘集体婚礼现场场景

第五章

技术的时代穿越！婚礼的跨世华章

昏礼·婚礼

通过前面的叙述，我们已经了解了周、汉、唐、明四个时代中汉式婚礼可能涉及的内容与实际操作。了解了这些就可以策划出一场精彩的汉式婚礼了吗？

当然不是这样，本书开篇就提到了当今举办一场精彩的汉式婚礼必然包括礼制仪式、婚礼的策划执行、婚礼的服饰、婚礼的置景氛围、婚礼的礼器道具五方面内容。前面介绍了四个方面，这一章就最后一点婚礼的策划执行展开。

历史文化底蕴是今天策划婚礼的感觉所在，但如果不能用现代的手段把我们的历史文化更好的展示出来，那做出的汉式婚礼作品更多的只能是一段简化的古礼。对比灯光舞美成熟的西式婚礼，有什么优势能让大众更好的接触自己的婚礼文化呢？

　　本章内容就会从当代汉式婚礼的策划构思，灯光舞台技术的灵活运用，现代新技术的使用几个方面给大家阐述今天的汉式婚礼该如何策划执行！

致今天汉式婚礼的策划者

通过本书详细的描述，相信您已经了解，汉式婚礼不是主题婚礼这一基本的常识。但汉式婚礼可以做成专属新人的主题婚礼。

新人的婚礼不论哪种形式，都有属于新人自己唯一性的特质属性，能在婚礼仪式当中彰显出来无疑可以提升整场婚礼的精彩程度和仪式内涵。

最好的婚礼策划师其实是新人自己，只有新人自己才了解从相识到相知相守过程中的各种感悟。

以下分析总结权当是给新人寻找自己婚礼创意灵感，或者为婚礼策划人解读新人需求抛砖引玉。以下内容就是汉式婚礼的策划过程中常遇到的各种潜在素材。帮助策划师以及新人沟通了解。

实际案例分享 1

笔者曾接触到了一对新人，两人是在一次射箭活动中认识，又在之后的活动中加深了相互的了解。因此针对他们的故事设计了一场"矢志心缘"的主题汉婚。

婚礼中的部分片段如下文，希望读者可以举一反三找到策划自己所需婚礼的思路。

从彼此的私人信息中寻找灵感

新人的私人信息具有专属性，使用自己的资料来创意婚礼的主题亮点。需要注意的是升华主题创意在婚礼中的体现，而不是简单地去附会其中的含义，比如很多主题婚礼，仅仅是将新人的名字牵强成了一句祝词，但婚礼中包括主持词都没有任何体现，也就失去了创意的价值

两人的姓名	用新人的姓名提炼文字作为婚礼的主题，比如两人姓名分别有"同"和"心"字。就可以设计"合卺同心"的主题。但名字主题仅仅是一个开启婚礼仪式的开关，更多婚礼的内涵要在仪式中与主题呼应展现
两人的职业	用新人的职业或职业特点提炼婚礼的创意主题，比如军人与教师。这类创意适合在展现新人自己婚礼文化内涵的同时，强调彼此对事业的热爱与忠诚，适合在婚礼中收获领导印象分这个副产品
两人的爱好	用各自的爱好作为创意主题，可以很好地体现新人彼此的生活情调，憧憬未来幸福的婚后生活

从彼此的恋爱经历中寻找灵感：

每对新人恋爱过程中都会保留大量的信息，而这些信息无疑是婚姻的幸福回忆。当然这种策划仅限于愿意分享这份私有信息的新人

相识的过程	在婚礼中重演恋爱经历是恒久不衰的主题，不仅仅是精彩的邂逅，很多看似平常比如经人介绍认识的新人，将自己的恋爱经历包装整理后也是婚礼现场一份精彩的与来宾共享的厚礼
相恋中的美好瞬间	有些新人恋爱过程不希望被别人所知，那相恋过程中的很多美好瞬间也可以展现提炼。曾经有对研究传统文化的新人，信奉两情相悦，发乎情止呼礼。哪一方先动了初吻的念头，就要抄写小篆礼记十遍，以示教化。这个回忆就是一个浪漫精彩的瞬间
相恋中的承诺	新人恋爱当中少不了各种承诺保证，或是实物，或是行为。如果一直到婚礼前都没有落实，那就在婚礼仪式上落实，相信是个不错的创意

从各种婚礼文化相关信息中寻找灵感：

准确地说，文化创意不属于新人独有，但也正因为如此，对于不希望展示属于自己隐私内容的新人，这种创意就比较合适

各种爱情传说故事神话	古今中外，各种爱情神话，情感典故很多，都可以根据新人的需求改编隐喻自己的婚姻结合。比如乘龙快婿的历史典故，举案齐眉的历史典故
各种婚礼文化风俗传统	婚礼文化本身，也有很多内容可以挖掘，比如唐代盛行的催妆诗，汉代的同牢礼。都可以根据新人自身情况灵活选择

新娘入场（新郎在迎接新娘的过程中，主持词会交代两人是因为射箭这一爱好相识的，同时会用弓作为迎娶新娘的信物）

请新郎揖请新娘入礼！新郎以礼相迎，请佳人移步出行！新郎英才有为，堪为栋梁，新娘温柔贤淑，亦为佳偶。吉庆大礼，普天同庆。新郎手持迎亲信物为与新娘一同研习射艺的一张弯弓。也正是因此爱好两人有幸结缘！

矢志心缘（迎接新娘前往婚礼现场布置好的礼台，在这里设计了一个小机关，礼台被红色幔帐封闭，这样也保留了唐风布景的新奇感觉，观众是无法了解一个简单的红色背景其实背后别有洞天。打开幔帐的方式是新娘举起弓，示意天地。当然原设计是弯弓一箭，因为考虑到安全问题，最终变通简化处理）

将入礼堂，却见门帐紧闭，帐缨系绕，还请新人思量如何打开！

新娘举弓礼敬天地，再鉴矢志心缘！喜堂开启，请新人移步入礼！缓移莲步舞纤纤，但迎喜色同心暖，笑语落得轻罗幔，碧水连珠落玉盘。在场宾朋请为这对新人击掌同贺。

互换信物（如果本场婚礼仅仅到此为止，则婚礼的主题过于单薄，现场的另一个布置结合互换信物的环节再次点题，那就是两人的礼台桌案上有一只金质凤凰，昂首望天，口中衔有一支箭矢，箭头正是新郎要取下送给新娘的发簪）

拜得天地，互敬互勉，新人可互赠薄礼，为今日永以为念。请新人互换信物！

新郎为新娘插上一支头钗，自此佳人妆容有伴，可以常为悦己者容了！请大家注意这发钗不正是一支箭矢箭镞吗？取意发矢不回，伴与佳人诚心无悔，矢志心缘永以为念！

新娘为新郎系上一块美玉，君子玉不离身，新郎永远是新娘心中的仁人君子！

互换信物礼成！

实际案例分享 2

并不是只有新人自己的故事才能作为婚礼策划的，有想法的婚礼现场布置也可以运用到婚礼的策划思路当中，比如作者在汉风婚礼中经常会用到的四神兽瓦当图腾，与灯光结合起来还是很有效果的。

礼敬四方（新郎登台，礼敬四方神明，作为仪式的配合，四组神兽剪影会依次亮起）

农历 × 年 × 月 × 日，新婚新妇佳偶同心共结百年之好，满座亲友宾朋观礼同贺。吉时已至，仪程开始！

有请新婿入礼，新婿礼迎众宾！新婿礼敬四方！

东方驻青龙、为春也！上仓兮阳光普照。

南方驻朱雀、为夏也！兴旺兮五谷丰足。

西方驻白虎、为秋也！姻缘兮成就良媒。

北方驻玄武、为冬也！好合兮白首百年。

新妇闺阁待礼，请新婿前行相迎！

礼敬四方的四神兽剪影效果

光影音乐，现代舞美

好的策划方案也需要有效的执行，现代成熟的灯光舞台技术可以为汉式婚礼的感官效果增色不少。这里就具体的几个常用内容与大家分享。

电脑灯的应用

20 世纪 80 年代出现了照明技术与电脑技术相结合的新型灯具，取名为电脑灯 。电脑灯可以几台、几十台、甚至上百台一齐按灯光设计要求变换图案、色彩，其速度可快可慢，其场面瑰丽壮观，叫人惊奇。电脑灯的出现是舞台、影视、娱乐灯光发展历史上的一个飞跃，也使人们对灯光技术有了新的认识。

之所以称之为电脑灯是因为它本身装有一个微型电脑电路，可以接受控制台发出的信号，并将它转化为电信号控制机械部分，实现各种功能。电脑灯内部可分为三大部分：其一是电脑电路，它是灯的大脑，接收命令以及发出命令都是由它来完成，还可以自检内部功能，设置地址编码，调校内部参数或功能。其二是机械部分，它是由若干个微步进电机组成，每个步进电机都可以独立动作，分别带动图案转轮、颜色转轮和调光、聚焦、光斑水平移动及垂直移动操作的机械部件。其三是光源部分，电脑灯的光源大部分都是高亮度的金属卤化物灯泡，灯具内部安装了镇流器，电容等灯泡电源电路。与电光源配套的光学系统非常先进，颜色片是由耐高温、透光率极高的滤色材料制成，使电脑灯射出的光束亮度非常高，颜色非常纯正。摇头电脑灯通过旋转灯臂或类似构造来移动光束。灯泡及其他元件都安装在该灯臂上。灯臂安装在底座枢轴上，灯具则安装在灯臂枢轴上，使其可连续进行左右（水平）方向，上下（垂直）方向运动。

摇头电脑灯包括两个种类：图案灯和染色灯。

图案灯的特点在于能造出极为锐利的光束和清晰的图像，及各种造型。染色灯主要是为了投射柔和均匀的灯光而设，不会造成锐利的边缘和光影造型。

在汉式婚礼中，可以使用其中的图案灯投射传统纹样，增加现场氛围。四神兽圆形瓦当纹样就是典型的电脑灯使用素材。其他还有很多内容，就不一一列举了，基本上笔者本人策划执行过的婚礼中，汉风、唐风都会长期保留一对龙凤纹样的电脑灯片素材。因为在实际的婚礼中，这已经是十分常规的配置了。

电脑灯使用的实际效果

干冰机的应用

　　干冰机又叫干冰烟雾机，其原理是利用 −78℃的固态干冰，在常温下与热水混合，受热气化时产生大量的白色水雾，为舞台提供烟雾效果。在婚礼中使用十分常见。因为其原料是无毒无味的固体二氧化碳，产生水雾同样没有刺激性，相对烟机雾化烟油刺激难闻的效果比较为观众接受。

　　但还是要注意的是，干冰机不适合在极为狭小且有动物的空间使用，否则会造成动物窒息。正常比如新娘出场的幔帐，宫门置景使用干冰营造效果不用担心有什么人员不适。

　　抛开机器，干冰在汉式婚礼中也有很多灵活的用途，比如放入到博山炉中，营造香烟缭绕的感觉。在奉匜沃盥的环节中，干冰放在水盘，温水放在匜中。由侍女倒入水盘，制造玄幻效果。（这时的水肯定不能再用来洗手了！仅仅是做做样子，否则一百度的开水，零下几十度的干冰那可是冰火两重天的感觉）

电磁幕的应用

电磁幕，是一种比较新颖的婚庆道具，是很多婚庆公司策划婚礼时用到的一种新人出场方式。将电磁幕放置到喜亭或者拱门上，经过遥控可以使电磁幕布瞬间落地，新人顿时出现在众宾客面前，新颖又奇特的出场方式，较以往新娘新郎直接走上舞台多了一些创意。

一套电磁幕包括若干个电磁夹和一个遥控操作系统，使用时按喜亭或者拱门的大小来加以修饰。一般电磁幕都配有专门的电源系统，以承受突然落幕时需要的巨大的电压。除了应用于婚礼现场，电磁幕还可用于开幕仪式和其他庆典类活动。设备十分简单，但是具体的使用策划就要结合灯光，干冰机等设备灵活掌握。

灯光使用技巧

汉式婚礼现场和西式婚礼现场的灯光运用基本要求是相通的，都要保证一定的照明效果。保证一定的基本舞台照明是必须的要求。

其余的就是如何配合现场的氛围了。汉式婚礼因为不同的婚礼风貌，灯光具体使用上还是有相当区别的。

比如汉风婚礼灯光使用就要多突出黄昏之礼那种肃穆古朴的感觉。就不能乱用五彩炫动的舞台灯光。而暖色调的灯光可以多使用一些。汉风婚礼如果新人没有特别的意见，甚至新人很多本身就十分推崇那种烛火摇曳黄昏之礼的感觉，那就可以现场处理的暗一些，同时这种灯光处理方式本身也是成本比较容易控制的，适用于婚礼预算不高的情况，充分发挥汉风铜灯、烛火等道具的装饰效果。

不论哪种风格的婚礼，照明一定要使用暖光，不要使用白光，或者LED 调光灯调出的白光，那样必然会破坏整体的效果。

唐风婚礼可以考虑使用更多一些色彩的灯光，以映衬唐风婚礼炫彩的场景布置和背景设计。

明风婚礼红色使用可以更多一些，营造喜庆的婚礼氛围。

但无论哪种风格的婚礼，婚礼中切忌使用冷色调，比如蓝、紫等灯光。因为本身就是古风的场景布置，再加上神秘感恐怖感的蓝色紫色灯光，你的婚礼现场感觉可想而知。

在基础灯光使用解决之后，还有一些特效灯光的使用。剪影是汉式婚礼中很实用且成本不高的一种表现方式。最典型的如前文提到的，使用四神兽的剪影。剪影的具体操作也十分简单，就是在背景上放置剪影造型的模板。再在背景后预设照明灯光，用控台统一控制。剪影也可以用于新娘的出场，配合电磁幕，干冰机可以获得很好的效果。

笔者实际操作的几场汉风婚礼现场的暗场灯光运用

音乐使用技巧：

很多人一提到汉式婚礼的音乐使用，无非就是老三样，要么是《故宫的沉思》，要么就是《曾侯乙编钟曲》。其实汉式婚礼音乐的使用技巧与西式主题婚礼的音乐使用技巧并没有什么本质的区别。都是根据环节流程节奏选曲把握的。

和汉式婚礼的策划思路一样，汉式婚礼中的音乐选择也不是一定选择历史上曾有的编钟礼乐。历史传承的经典礼乐可以用，但放在今天的婚礼现场效果未必好。很多古风歌曲，古装影视剧的伴奏其实是十分适合汉式婚礼不同朝代的现场氛围的。

同时还有一种乐曲也十分适合在汉式婚礼中运用，算是婚礼音乐的一匹黑马。那就是古风游戏的配乐。比如仙剑系列。很多冷门的古风游戏，音乐是十分精彩的。比如《秦殇》《汉朝与罗马》里面都有大量先秦古风的音乐。

再比如老的不能再老的动画片《滥竽充数》，里面的古乐大合奏出自上影乐团，绝对经典。老电影《西楚霸王》里面的《思君赋》也是出自名家手笔。挑选汉式婚礼的音乐，其实没有什么特别的窍门，多听多感觉就可以了。当然更深入的了解，还需要自己多用心学习。

媒介之魅——新技术助力

在当今科技日新月异，且科技转化产品日趋加快的情况下，很多高新技术也可以加入到汉式婚礼效果增益的选择中。大家要大胆的打破一些固定的思维，认为汉文化，汉服，汉式婚礼文化只属于古代。其实说起技术手段，古人并不排斥技术的进步。当青铜铸造水平提升之后，马上就发明了编钟这种乐器，增加礼仪活动的仪式感。当建筑技术声学技术发展后，马上就修建了北京天坛等利用原始的扩音效果的礼仪场所。更不要说前面章节提到的除油烟环保铜灯。假如古人有了扩音设备，舞台灯光，那肯定是来者不拒的。

幻象投影技术

大家可以想象，在身边的虚空之中，凭空出现一个真人的玄幻景象吗？这种景象在很多科幻电影里经常可以遇到。这种技术在今天已经成为现实。在很多展会，发布会上，大型灯光秀演出中，我们经常可以看到相关特效。其实这是现代幻象投影技术的运用。目前相关技术不止一种，在实际的运用中也是一种或几种结合使用。

最简单的，婚礼中已经成熟运用的，商家称之为全息成像，虽然和科技术语上的全息成像还有区别，但并不妨碍精彩的展示效果。其原理是利用投影机，将图像打倒半透明投影纱幕上，再结合现场的灯光营造玄幻神秘的效果。

比如在婚礼上，在汉风场景布置的前方设计一组纱屏，把竹简的影像打在纱屏之上，再利用背景本身的灯光强弱调整效果，就像是汉代的场景凭空出现了一组若隐若现的竹简文字。

当然这只是最简单的一种内容，更多的可以根据婚礼策划的内容进行更专业的设计。

凤舞在天化佳人，乘龙快婿登阙台，等等，不同的内容都可以通过相关技术实现。

纱幕投影效果

全息投影效果的汉风婚礼

无人遥控技术

这是一个比较宽泛的定义，主要就是各种可遥控操作的无人载具技术。包括了遥控车，遥控飞行器，遥控机器人。典型的如四旋翼飞行器，做航拍的朋友肯定不会陌生。

四旋翼飞行器也称为四旋翼直升机，是一种有 4 片螺旋桨且螺旋桨呈十字形交叉的飞行器。四旋翼飞行器是一种小型的轻旋翼飞行器，其布局形式新颖，结构紧凑。

四旋翼飞行器主要是通过改变 4 个电机的转速来调节螺旋桨转速，由旋翼升力的变化实现对飞行器的控制。四旋翼飞行器由于能够垂直起降，自由悬停，且机身轻便易操控，可适应于各种速度及各种飞行剖面航路的飞行状况，这些优势决定了它是一种军民两用的高科技设备。从当前国内外的诸多领域可以了解到，四旋翼无人飞行器能够在军用和民用领域完成各种复杂，危险的任务，实践价值较高。

但如果笔者只是教给大家用它做航拍就有点凑篇幅的意味了。四旋翼飞行器操作简单，有一定的负荷，有一定动手能力的朋友完全可以通过巧手的 DIY 打扮，让遥控飞行器变成汉式婚礼中的朱雀玄鸟，彩鸾飞凤。再结合到婚礼的策划执行中无疑会为婚礼增色不少。

再比如，现在就已经十分常见的机器狗类遥控玩具，也可以加工装饰成麒麟瑞兽，装饰到婚礼现场中，结和婚礼策划，做一个麒麟献瑞的环节。只要您敢想，无数种新技术的载体都可以披挂上传统文化的外衣，让观者在新奇的欣赏当中，接纳并了解我们的传统文化。

结语　用心传承 戒骄戒躁——浅谈汉式婚礼的市场现状及前景

随着汉式婚礼的逐渐复兴，以及传统文化在当代民众中影响力的扩大，商业化已经成为相关文化发展的重要途径。但在其中也有很多不太和谐的音调。

首先体现在实际的推广运作中，很多从业者一知半解，文化素质低下，连中国历史朝代都背不下来，连基本的礼仪知识都错误百出就开始给新人筹备汉式婚礼。

在素质低下的同时，又有很多人动辄以汉式婚礼第一人、传统礼仪泰斗大咖等身份自居，可见这股浮躁浮夸的歪风已然刮到了汉式婚礼的产业实践中。

很多婚庆公司，不了解汉服，简单字面理解是汉代的衣服，婚服大量使用劣质的影楼装，这样的婚礼肯定是廉价简陋的。

有的婚庆公司，在礼仪细节上十分随意不严谨，甚至违反了很多文化上的礼制避讳。像汉服左衽这种现象在婚服中出现就是对新人的极度不尊重，试想在西式婚礼中，听不懂英文歌，婚礼进行曲错放了安灵曲，筹办的婚礼服务机构能安身而退吗？

还有些机构个人完全从商业角度考虑，醉心于虚名功利，自创概念，如汉唐婚礼，新中式，并自诩首创者，资深从业者。但汉唐婚礼到底是汉还是唐？如果是泛指朝代的综合，那明去哪里了？如果是说文化的综合，两个完全不同时代风貌的东西放一起就是不专业。

　　而有些新中式婚礼则是片面的理解了中国文化的传承关系。我所看到的很多所谓新中式无非就是西式婚礼的仪式穿上中山装、民国的红衣裙，这样的新中式不过是西式婚礼加上些中国元素，并没有基于我们民族的本源礼仪文化去传承发展，不能冠用中式。

　　而从传承角度来讲，汉式婚礼一样也不是止步不前，汉式婚礼本身不是复古婚礼，他是中国婚礼文化的正常传承，很多婚庆公司把汉式婚礼划分到主题婚礼里面，完全是误解了汉式婚礼是一个大的婚礼文化范畴，从内涵上讲拥有与西式婚礼同等的地位。他同样可以发展，丰富，更加精彩。根本不存在新旧与否。说出新中式的人正是错误地把中国自己的文化当成了古代文化。而文化是一个民族的非物质属性，存在的，传承的自然没有新旧之说。所以所谓新中式要么是肤浅的拼凑了有些中国元素的西式婚礼，要么是换了个名字来践行汉式婚礼的发展与传承，很遗憾目前还没有看到这样的案例。

　　汉式婚礼首先是婚礼，要去尊重新人服务新人，自己都不用心谈何服务，谈何尊重。再有汉式婚礼是在传承我们自己的文化，每对新人能够选择汉式婚礼都是抱有对我们自己文化的热忱之心。用劣质的服务去应付满怀诚意的市场，从良心上过得去吗？

　　况且应付将就未必就能赢得市场，赢得新人的认同。很多婚庆公司对汉式婚礼的态度也未必就是对汉文化的漠视，更多的是操作普通婚礼不严谨态度的一种惯性。但需要注意的是，相对已经模式化，泛滥化的普通婚礼，汉式婚礼的潜在客户群体多少是了解一些相关文化的，否则为何舍去成熟的普通婚礼不做，选择汉式婚礼？

　　应付客户最终会失去客户。想要在汉式婚礼方兴未艾的产业中立足，增强自己的文化修养才是不二之策！也再次提醒读者，人生大礼，要精心筹划，对文化有敬畏之心，更要不负自己对文化一片诚心！

以汉服汉礼文化为核心的汉文化产业也是方兴未艾，前景远大的，就拿影响巨大的汉服文化周举个例子吧。

中国西塘汉服文化周由文化名人方文山先生发起，自2013年创办以来，在浙江省西塘古镇已连续成功举办四年。活动以华夏民族传统服饰为旗帜，以传承中华传统文化为目的，充分挖掘历史文化资源，打造了朝代嘉年华、汉服发展高峰论坛、西塘杯传统射箭邀请赛、汉·潮水上T台秀、国学四艺等精彩活动内容。

汉式婚礼是每次活动的重要组成，或为婚礼展示，或是实际的集体婚礼运作，为参与婚礼的新人留下了难忘的回忆。

围绕活动，先后策划了一次发布会，2支MV拍摄。把传统文化与西塘旅游资源相结合，为西塘旅游开发做出贡献。借此契机，西塘也在今年荣升5A级景区，活动产生了良好的社会效益和经济效益。

第四届中国西塘汉服文化周，得到了国内几十家媒体争相报道，百度搜索汉服文化周相关资讯186万余条，仅网络发布的官方新闻稿就达750多篇，转发1000条。

我们精心协力打造的"汉服"话题，阅读量迄今达到5.2亿。活动期间，涉及文化周的新浪微博内容达27500余篇。新浪"一直播"文化周官方发布视频，总观看数近97万人次，单场观看最高近6万人次。

由以上可以看出，汉文化产业市场的巨大容量，依托这样良好的社会大环境，我们相信：我们自己的原生文化，会有更加长远的发展与精彩的明天！

后　记

　　闻听自己的《昏礼·婚礼》即将出版，心中感慨良多。这本书虽是自己不成熟的浅见之作，但这背后却凝聚着无数人的支持与帮助。

　　说起来自己也算最早那批接触汉服汉礼文化的"老人"了，真的难以想象，十年的时间，汉服运动已经由社会大众眼中的另类变成了方兴未艾的民族文化复兴运动。

　　十年间，不论自己做什么工作，都希望可以借力为我们的文化传承做些什么。能将自己的情怀与事业结合也算是这十年间最令自己欣慰的收获了。

　　对于今天取得的成果，以及这本书的面世，要感谢方文山老师，作为文化周的发起人，他以自己的情怀与热忱诠释着对中国原生文化的热爱与尊重，并影响着身边的人。十分荣幸，方老师为本书撰写了序言，字里行间饱含着对传统文化的热爱，对传承这种文化的坚持与热情。

　　要感谢北京方道文山流文化传媒有限公司和北京华人版图文化传媒有限公司对本书筹备发行实际工作中的大力支持。

　　要感谢汉服文化周这个成功的汉服文化推广发展平台，它就像里程碑一样开启了汉服文化快步前行的传承发展之路。让无数心有理想的同袍在这里找到了机遇与价值。

要感谢来自台湾的陈广松先生，正是他的引导与支持，本人才把自己对汉文化的理解，对当代文化产品的认识提升到了新的高度。才使得自己对文化产品的策划把控更加贴近当今社会的主流需求。也为这本书贴地气、展未来的内容方向奠定了基础。

最后要感谢十年来无数支持过、帮助过大秦的人们。这其中有教导帮助过自己的师长，有曾经的同事，有服务过的客户新人，有同理想共奋斗的同袍。大秦进步的一点一滴，无不是彼此互动一个个人生元素的凝结。

第一次总结整理书籍作品，肯定也有许多不足之处，唯以平和的心态将这本书当成自己分享给大家的一份实践笔记，欢迎读者批评指正。

本书不是终点，而是一个新起点。不管起跑是否完美，但汉服文化的传承发展之路，大秦愿与更多的朋友们一同走下去。

欢迎更多的朋友，加入汉文化的交流传播之中，将我们祖先留给我们的文化更好的传承发展，福泽后代！